Clemens Trischler

I LOVE VIENNA

Die 111 Lieblingsplätze der Stars

MIT FOTOS VON MONIKA FELLNER

Vorwort

„Wien, du Stadt meiner Träume", lautet der Titel eines weltberühmten Wienerlieds von Rudolf Sieczyński, in dem sich auch die Zeile „Wien, Wien, nur du allein sollst stets die Stadt meiner Träume sein" findet – und das ist Wien tatsächlich!

Im Jahr 2023 wurde die Stadt vom renommierten „The Economist" zum bereits vierten Mal zur lebenswertesten Stadt der Welt gekürt und führt damit das globale Ranking an. Ausschlaggebende Faktoren, mit denen die Bundeshauptstadt punktet, sind vor allem die hohe Sicherheit, das perfekt ausgebaute öffentliche Verkehrsnetz sowie das reichhaltige Kulturangebot.

Unter den Top 5 liegen hinter Wien: Kopenhagen, Melbourne, Sydney und Vancouver. Mehrere europäische Städte, wie etwa Stockholm oder London, fielen deutlich zurück. Im Gegenzug holten dafür Städte in Asien und im Mittleren Osten stark auf.

Das Standing Wiens in der Welt und die Liebe zu meiner Heimatstadt waren Grund genug, die Donaumetropole einmal genauer unter die Lupe zu nehmen. Gemeinsam mit der Fotografin Monika Fellner habe ich 111 tolle Locations der Bundeshauptstadt mit hochkarätigen Stars aus unterschiedlichen Genres besucht, die mir ihre Lieblingsplätze und ganz persönlichen Geschichten dazu verraten haben.
Ob typische Sehenswürdigkeiten, Restaurants oder Bäume – die Oasen der Stars sind vielfältig.

Ich bin mir sicher, dass Sie einige Orte noch nicht kennen, und freue mich, wenn Sie mit mir diese spannende „Kurzreise" antreten. Wer weiß, vielleicht begegnen Sie ja beim Entdecken dieser Plätze dem einen oder der anderen Prominenten persönlich.

Ihr Clemens Trischler

Clemens Trischler vor dem Hotel Le Méridien am Robert-Stolz-Platz im 1. Bezirk

www.clemenstrischler.com

I love Vienna – Die 111 Lieblingsplätze der Stars

01_Mariella **Ahrens**,
Beethovenplatz

02_Natalie **Alison**,
Vorplatz des Raimund Theaters

03_**Alle Achtung**,
Café Carina

04_Caroline **Athanasiadis**,
Weingut & Heuriger Edlmoser

05_Lidia **Baich**,
Wiener Musikverein

06_Gabriel **Barylli**,
Unteres Belvedere

07_Kati **Bellowitsch**,
Grinzinger Weinberge

08_Stefano **Bernardin**,
Wotrubakirche

09_Nadja **Bernhard**,
Griechengasse

10_Konstanze **Breitebner**,
Augarten

11_Thomas **Brezina**,
Roter Schreibwagen

12 Michi **Buchinger**,
Albertina-Plateau

13_Gedeon **Burkhard**,
Loos American Bar

14_Julia **Cencig**,
Wienerbergteich

15_Brigitte und Dieter **Chmelar**,
Schloss Wilhelminenberg

16_Michaela **Dorfmeister**,
Wieninger am Nussberg

17_Karoline **Edtstadler**,
Am Himmel

18_Virginia **Ernst**,
Café Benedikt

19_Toni **Faber**,
Stephansdom

20_Christoph **Fälbl**,
Außergewöhnlich – inklusives Café by 0816

21_Lucas **Fendrich**,
Naschmarkt

22_Martin **Ferdiny**,
ORF-Zentrum

23_Elīna **Garanča**,
Café Mozart

24_Andreas **Goldberger**,
Stadtpalais Liechtenstein

25_Ana Milva **Gomes**,
Bühne des Raimund Theaters

26_Sylvia **Graf**,
Urania

27_Elisabeth **Gürtler**,
Café Bel Étage

28_Sabine **Haag**,
Kunstkammer im KHM

29_Waltraut **Haas** und Marcus **Strahl**,
Privathaus Haas

30_Alfons **Haider**,
John Harris im DC Tower

31_Andrea **Händler**,
Alte Donau

32_Philipp **Hansa**,
Liechtensteinpark

33_Maria **Happel**,
Lusterboden im Burgtheater

34_Adi **Hirschal**,
Jodok-Fink-Platz

35_Benny **Hörtnagl**,
Kutschkermarkt

36_Agnes **Husslein**,
Heidi Horten Collection

37_Hannes **Jagerhofer**,
Donauinsel

38_Marc **Janko**,
Prater Hauptallee

39_**Jazz Gitti**,
Schweizerhaus

40_Philipp **Jelinek**,
Restaurant Francesco Grinzing

41_Corinna **Kamper**,
Hundertwasserhaus

42_Aaron **Karl**,
Jubiläumswarte

43_Andrea **Kdolsky**,
Am Cobenzl

44_Arabella **Kiesbauer**,
John Harris am Schillerplatz

45_Angelika **Kirchschlager**,
Rathausplatz

46_Lilian **Klebow**,
Kraftwerk Freudenau

47_Leona **König**,
Heldenplatz

48_Nina **Kraft**,
Erste Campus

49_Brigitte **Kren**,
Stadtpark

50_Marvin **Kren**,
Café Engländer

51_Christa **Kummer**,
Kaiserpavillon Schönbrunn

52_Andy Lee **Lang**,
Neustift am Walde

53_Tarek **Leitner**,
Neubaugasse

54_Martin **Leutgeb**,
Zentralfriedhof

55_Michael **Ludwig**,
Rathaus

56_Richard **Lugner**,
Dachterrasse im Lugner-City-Büro

57_Eva Maria **Marold**,
Donauturm

58_Larissa **Marolt**,
Hofburg

59_Fadi **Merza**,
Ringstraße

60_Dagmar **Millesi** und Heinz **Zednik**,
Kaiserwasser

61_Christian W. **Mucha**,
Restaurant Le Salzgries

62_Max **Müller**,
Bellevuewiese

63_Angelika **Niedetzky**,
Friedhof der Namenlosen

64_Reinhard **Nowak**,
Karmelitermarkt

65_Cornelius **Obonya**,
Westernspielplatz

66_Rainer **Pariasek**,
Kirche am Steinhof

67_Chiara **Pisati**,
Volksgarten

68_Wolfgang Fifi **Pissecker**,
Sankt Marxer Friedhof

69_Paul **Pizzera**,
Hotel Grand Ferdinand

70_Karl **Ploberger**,
Palmengarten Schönbrunn

71_Toni **Polster**,
Gasthaus Lindwurm

72_Eva **Pölzl**,
Spittelberg

73_Uschi **Pöttler-Fellner**,
Sisi-Kapelle

74_Lydia **Prenner-Kasper**,
Bankerl am Bisamberg

75_Hannes **Reichelt**,
Haus des Meeres

76_Christine **Reiler**,
Schloss Liesing

77_Elke **Rock**,
Spanische Hofreitschule

78_Gerda **Rogers**,
Stock-im-Eisen

79_Angelika und Wolfgang **Rosam**,
Restaurant Fabios

80_Rudi **Roubinek**,
Kahlenberg

81_Vera **Russwurm**,
Gastgarten im Metropol

82_Cesár **Sampson**,
Palais Ferstel

83_Thomas **Schäfer-Elmayer**,
Schloss Belvedere

84_Verena **Scheitz**,
Baum im Botanischen Garten

85_Iva **Schell**,
Rosarium im Schlosspark Schönbrunn

86_Dolores **Schmidinger**,
Yppenplatz

87_Silvia **Schneider**,
Hotel Bristol

88_Michael **Schottenberg**,
Liliputbahn

89_Werner **Schreyer**,
Bristol Bar

90_Klaus Albrecht **Schröder**,
Albertina

91_Gaby **Schwarz**,
Franziskanerplatz

92_Jakob **Seeböck**,
Café Liebling im Volkstheater

93_Mark **Seibert**,
Burggarten

94_Inge und Harald **Serafin**,
Privatwohnung Serafin

95_Max **Simonischek**,
Generali-Arena

96_Michael **Steinocher**,
Neue Donau

97_Simone **Stelzer**,
Lainzer Tiergarten

98_Claudia **Stöckl**,
Hotel Motto

99_Katharina **Straßer**,
Türkenschanzpark

100_Christian **Struppeck**,
Ronacher

101_Kathi, Gabi & Elisabeth **Stumpf** und Alexander **Beza**,
Golf Club Wien

102_Klaudia **Tanner**,
Rossauer Kaserne

103_Clemens **Unterreiner**,
Alpengarten

104_Natalia **Ushakova**,
Wiener Staatsoper

105_Julian **Waldner**,
Strudlhofstiege

106_**Waterloo** und Andrea **Kreuzmayr**,
Schönbrunner Schlossbrücke

107_Adi **Weiss** und Michael **Lameraner**,
DO & CO am Stephansplatz

108_Alexander **Wrabetz**,
Allianz Stadion

109_Barbara **Wussow** und Albert **Fortell**,
Restaurant Salettl

110_Alina **Zellhofer**,
Roter Berg

111_Marie-Claire **Zimmermann**,
Gloriette

Die Waage-Stadt Wien

Ein Horoskop von Gerda Rogers

Für mich ist es kein Wunder, dass Wien in den letzten Jahren immer wieder als lebenswerteste Stadt der Welt ausgezeichnet wurde. Ich habe nahezu die ganze Welt bereist und in einigen faszinierenden Großstädten gelebt, aber an die Qualitäten, die Wien auszeichnen, kommt – natürlich gemessen an meinen Ansprüchen und Präferenzen – tatsächlich kaum eine andere Stadt heran.

Was diese Stadt zu bieten hat und wofür sie in aller Welt gerühmt wird, ist aber aus astrologischer Sicht ebenfalls kein Zufall. Auch wenn es schon tausende Jahre zuvor und vor allem in der Römerzeit namhafte Ansiedlungen am späteren Standort der Stadt gab, hat jenes Wien, das sich im Laufe der Jahrhunderte zur Hauptstadt des Habsburgerreiches und schließlich zur modernen Donaumetropole entwickelte, einen urkundlich festgehaltenen Geburtstag: Am 18. Oktober 1221 wurde Wien vom Babenberger-Herzog Leopold VI. das Stadtrecht verliehen – und mehr als das: Unter Leopold erfuhr die Stadt ihre erste bedeutende Erweiterung: Sie wurde gleich um mehr als die Hälfte ihrer ursprünglichen Fläche erweitert. Damit wurden Wien offenbar an jenem Oktobertag die Lebensgeister eingehaucht, mit deren Hilfe sie nach und nach jene Größe und Bedeutung erlangte, die sie bis heute hat. Der Startschuss für diese Entwicklung ist somit im Sternzeichen Waage erfolgt. Und siehe da: All das, womit die Astrologie das Sternzeichen Waage charakterisiert, trifft in jeder Hinsicht auch auf Wien zu. Sei es der ausgeprägte Schönheitssinn und damit die Vorliebe für alles Musische und die Ästhetik; die Hingabefähigkeit an den Genuss, mit einer speziellen Vorliebe für alles Süße; und auch die so oft besungene Gemütlichkeit, der wiederum zwei weitere wichtige Waage-Attribute zugrunde liegen: die Bequemlichkeit und das stark ausgeprägte Harmoniebedürfnis, das jeden noch so schlechten Kompromiss Konflikten vorzieht und daher immer um einen Weg der Mitte bemüht ist; echte Revolutionen werden in Wien nie stattfinden, da wird man sich am Ende immer irgendwie arrangieren. Und last, but not least die mit dieser Konfliktscheue unmittelbar zusammenhängende Unentschlossenheit, die immer wieder feststellt, dass jedes Ding zwei Seiten hat, wobei die eine so gut oder schlecht wie die andere ist.

Mir ist im Lauf der Jahre aufgefallen, dass eine typische Meinungsäußerung in Wien immer wieder mit den Worten „ja, nein, eh, aber ..." eingeleitet wird, die man natürlich auch gleich durch ein „vielleicht" ersetzen könnte. In diesem „vielleicht" steckt auch schon die Leichtigkeit des Luftzeichens Waage, das nur nicht mit zu viel Ernsthaftigkeit belastet werden möchte. Nirgendwo wird diese Haltung besser charakterisiert als im Bonmot „Die Lage ist hoffnungslos, aber nicht ernst" des Wiener Kaffeehausliteraten Alfred Polgar, der selbst im Sternzeichen Waage geboren wurde.

Stichwort Kaffeehaus: Nirgendwo zeigt sich das Savoir-vivre der Waage typischer als in dieser klassischen Wiener Institution. Man kann stundenlang bequem und höflich bedient bei einer wunderbaren Tasse Kaffee, Tee oder heißer Schokolade sitzen, dazu die köstliche Auswahl an Wiener Mehlspeisen – von der Sachertorte bis zum Kaiserschmarren – und das Leben abseits aller Sorgen und Hektik einfach genießen. An dieser Stelle muss ich allerdings anmerken, dass die Waagen auch dazu neigen, immer wieder mit Figurproblemen zu kämpfen, was angesichts ihrer kulinarischen Präferenzen nicht weiter verwunderlich, aber andererseits auch nicht gerade untypisch für Wien ist.

Ein Kaffeehausbesuch ist natürlich auch bestens geeignet, um die ebenfalls typisch waagische Begegnungsfreude auszuleben. Sei es beim Tratsch oder anspruchsvollen Gedankenaustausch mit Freundinnen und Freunden oder auch bei einem kleinen charmanten Flirt, den niemand so virtuos beherrscht wie die Waage.

Charme ist ja überhaupt ihre bestechendste Waffe und Diplomatie ihre eigentliche Stärke. Deshalb ist Wien ja auch immer schon ein sehr beliebtes diplomatisches Parkett gewesen: angefangen beim Wiener Kongress, den Fürst Metternich „tanzen" ließ und so für eine entspannte Verhandlungsatmosphäre sorgte, bis hin zu den Staatsvertragsverhandlungen, bei denen der Legende nach der Charme und die Heurigenmusik eine nicht unerhebliche Rolle spielten, um die russischen Besatzer milde zu stimmen. Dass mittlerweile unzählige internationale Organisationen ihren Sitz in Wien haben, ist zweifellos auch der Qualität der Waage – nämlich in Konflikten zu vermitteln – geschuldet. Daher war Wien auch immer schon der wahrscheinlich wichtigste Brückenkopf zwischen Ost und West, nicht nur in Zeiten des Kalten Krieges, da aber ganz besonders.

Apropos „Der Kongress tanzt": Tanz und Musik zählen definitiv zu den Lebenselixieren der Waage. Kein Wunder also, dass die Ballsaison auch abseits des weltberühmten Opernballs ihresgleichen vergeblich sucht. Als Welthauptstadt der Musik galt Wien übrigens auch schon lange vor der alljährlichen weltweiten Übertragung des Neujahrskonzerts. Aber natürlich erfreuen sich nicht nur Konzert- und Ballsäle in Wien größter Bedeutung und Beliebtheit, sondern auch die unzähligen anderen Musentempel aus dem ästhetischen Genussrepertoire der Waage: von den Opernhäusern über die Theater, die zu den bedeutendsten im deutschen Sprachraum zählen, bis hin zu den Museen und Galerien, die auch den globalen Ruhm der in Wien inspirierten bildenden Künstler dokumentieren: von Gustav Klimt und Egon Schiele über Oskar Kokoschka bis zur Avantgarde. Gar nicht erst zu reden von der architektonischen Pracht der Stadt, die den perfekten Rahmen für das ästhetisch so anspruchsvolle Lebensgefühl der Waage bildet. Besonders pointiert kommt dieses Lebensgefühl in der wahrscheinlich legendärsten Hymne auf das Wiener Kaffeehaus, dem Lied „Jö schau" vom „Nackerten im Hawelka" zum Ausdruck, das auch dem Künstlertum der Stadt und vor allem dem unaufgeregten, toleranten Laissez-faire huldigt – geschrieben und komponiert vom überaus charmanten Waage-Mann Georg Danzer, der uns leider viel zu früh verlassen hat.

www.rogers.at

Mariella Ahrens
Schauspielerin

1. Beethovenplatz

„Ich habe Wien bei der Hochzeit von Verona Pooth 2005 kennen und lieben gelernt. Dieser Platz gefällt mir deshalb so gut, weil man auf diesen Liegen mitten in der Stadt in historischer Umgebung einfach perfekt relaxen kann."
– Mariella Ahrens

Der Großteil der Fläche des **Beethovenplatz**es im 1. Bezirk wird vom 3.700 Quadratmeter großen Beethovenpark eingenommen, in dessen Zentrum sich das 1880 errichtete Denkmal für den in Wien wirkenden deutschen Komponisten Ludwig van Beethoven befindet. Das Originalmodell der Denkmalfigur ist heute im Foyer des schräg gegenüberliegenden Konzerthauses aufgestellt.

Das Denkmal besteht aus einem Steinsockel von Eduard Hauser, der bronzenen Sitzfigur Ludwig van Beethovens und begleitenden Figuren, die einen gefesselten Prometheus und eine Victoria sowie neun Putten als Allegorien für Beethovens Sinfonien darstellen.

FOTO: ANDREAS TISCHLER

Natalie Alison
Schauspielerin und Drehbuchautorin

2. Vorplatz des Raimund Theaters

„Schon als Kind war ich mit meiner Mama voller Begeisterung hier. 2000 durfte ich ein Jahr lang täglich im Stück ‚Joseph' auf der Bühne stehen und habe dadurch nicht nur einen Einblick ins Musicalbusiness erhaschen können, sondern dort auch meine beste Freundin Miruna kennengelernt." **– Natalie Alison**

Ab Juli 2019 wurde das historische **Raimund Theater** im 6. Bezirk für rund 14 Monate geschlossen, um das Gebäude für mehrere Millionen Euro einer Modernisierung und Grundsanierung zu unterziehen.

Der Vorplatz hat sich dabei zur vielseitig nutzbaren Außenfläche samt Grünanlage, Wasserspiel und permanenten Sitzmöglichkeiten gewandelt. Im Zusammenhang mit der Verbesserung der baulichen Substanz wurden auch Trockenlegungsmaßnahmen sowie eine Fassaden- und Dachsanierung durchgeführt.

Der ursprüngliche Schriftzug des Raimund Theaters wurde dabei wiedergefunden, freigelegt und restauriert sowie der vorhandene Außenbalkon wieder aktiviert.

Alle Achtung
Musikband

3. Café Carina

„Das Café Carina ist sicher nicht der Ort in Wien, an dem man Touristenströme erwarten kann. Aber dieser Ort hat ein spezielles Flair, das sich nicht künstlich erschaffen lässt. Er hat Geschichte und, für uns am wichtigsten, Musikgeschichte! Hier absolvierten wir unseren ersten Auftritt in Wien. Damals war uns klar – wenn man es in Wien schafft, kann man es überall schaffen. Hier haben wir ‚Bühnenkilometer' gemacht – diese Strecke, die junge Bands brauchen, um später auch auf der großen Bühne zu bestehen. Nach wie vor kann man im Café jeden Tag eine Band sehen, die genau das macht, um vielleicht morgen auf den großen Bühnen zu stehen. Jedes Mal, wenn wir in Wien sind und am Café vorbeiziehen, kommen uns die Träume und Hoffnungen von damals wieder in den Sinn und die Erkenntnis, dass sie wahr werden können." **– Alle Achtung**

Das **Café Carina** im 8. Bezirk ist ein Künstler- und Musikcafé, das sich in einem der von Otto Wagner entworfenen Stadtbahnbögen befindet – es ist Teil des Stationsgebäudes Josefstädter Straße der Wiener Stadtbahn – heute die U-Bahn-Linie U6. Im Juli 2006 wurde das Café einer breiteren Öffentlichkeit bekannt, als Pete Doherty ein spontanes Live-Konzert im Lokal gab.

FOTO: MONIKA FELLNER

Caroline Athanasiadis
Kabarettistin

4. Weingut und Heuriger Edlmoser

„Ich komme hier schon viele Jahre her – und es fühlt sich jedes Mal wie ein kleiner Kurzurlaub an. Abgesehen davon sind das Essen und der Wein einfach großartig."
– Caroline Athanasiadis

Klassiker der Wiener Küche und hauseigene Weine genießt man hier im alten Winzerhaus aus dem Jahr 1629 oder im Sommer auch im Gastgarten mit der einzigartigen Atmosphäre eines der ältesten Heurigen der Stadt.

Seit Generationen werden beim **Weingut und Heurigen Edlmoser** im 23. Bezirk alte Rezepte weitergegeben und zeitgemäß interpretiert.

Lidia Baich
Geigerin

5. Wiener Musikverein

"Ein magischer Ort, wo der Geist großer Komponisten und Interpreten wohnt. Ich durfte in diesem Haus unvergessliche Konzerte erleben und seit meinem Debüt vor mehr als 20 Jahren immer wieder selbst hier auftreten. Dieser Musentempel inspiriert über seine Mauern hinaus und ist der ganzen Welt präsent, nicht zuletzt durch das weltberühmte Neujahrskonzert." **– Lidia Baich**

Der **Wiener Musikverein** im 1. Bezirk ist ein traditionsreiches Konzerthaus, das 1879 von Theophil von Hansen – der auch das Parlament errichtete – erbaut wurde.

Architektonisch ist er im historisierenden Stil nach Vorbildern aus der griechischen Antike errichtet: Säulen, Karyatiden und Giebelreliefs lassen die Assoziation zu, hier sei ein Tempel für die Musik errichtet worden.

Mit dem berühmten Großen Musikvereinssaal (bekannt auch als „Goldener Saal") befindet sich hier auch einer der schönsten und akustisch besten Säle der Welt.

Gabriel Barylli
Autor, Regisseur und Schauspieler

6. Unteres Belvedere

„Vor etwa 300 Jahren hatte Prinz Eugen die Idee, für seine Gardeoffiziere Wohnungen im Unteren Belvedere errichten zu lassen. Ich bin ihm bis heute dafür dankbar, da meine Familie seit knapp 100 Jahren in einer dieser Wohnungen leben kann. Wenn ich möchte, kann ich jeden Tag beobachten, wie die Kinder der unzähligen Touristen aus aller Welt in den Labyrinthen, auf den Kieswegen und um die Brunnen herum spielen. So hat auch mein Leben hier begonnen – und das einzige Wort, das ich jetzt noch schreiben möchte, lautet: Danke!" – **Gabriel Barylli**

Das 1712 bis 1716 errichtete **Untere Belvedere** im heutigen 3. Bezirk diente Prinz Eugen von Savoyen zur Sommerzeit als Wohnsitz, wogegen das später erbaute Obere Belvedere nur bei festlichen und repräsentativen Veranstaltungen Verwendung fand. An die Privaträume von Prinz Eugen schloss sich der ehemals private Kammergarten mit der wunderschönen Orangerie an. Im Unteren Belvedere und in der Orangerie finden heute Sonderausstellungen statt, während im Prunkstall, wo einst die Leibpferde des Prinzen standen, mittelalterliche Kunst zu bewundern ist.

FOTO: MONIKA FELLNER

Kati Bellowitsch

Moderatorin und Podcasterin

7. Grinzinger Weinberge

„Hier hat mein Mann mir den Heiratsantrag gemacht und mein zweitgeborener Sohn Vincent ist gleich in der Nähe, mitten im Weingarten, getauft worden – der heilige Vincent ist auch der Schutzpatron der Weinbauern. Last, but not least: Es gibt hier einfach den schönsten Blick über Wien!" **– Kati Bellowitsch**

Wien ist die einzige Hauptstadt der Welt, die große Weinberge innerhalb der Stadtgrenzen hat. Grinzing im 19. Bezirk ist als eine der besten Weinregionen der Stadt bekannt, der Weinbau hat bereits eine jahrhundertealte Geschichte: Die ersten Reben wurden bereits von den Römern hierher importiert. Weinbauern verkauften jungen Wein in kleinen Trinkstuben in der Nähe der Weinberge, die hierzulande als Heurige bekannt sind. Während der Herrschaft von Kaiser Joseph II. wurde die Gegend schließlich als Heurigenregion bekannt.

Die beliebtesten Weine der **Grinzinger Weinberge** sind beispielsweise der „Grüne Veltliner" oder der „Gemischte Satz".

Stefano Bernardin
Schauspieler

8. Wotrubakirche

„Dieses ‚Natur meets Betonblöcke' hat mich schon als Kind fasziniert. Der angrenzende Sterngarten, der Pappelteich und die Erinnerungen an wilde Feste während der Oberstufe machen diesen Ort für mich zum Lieblingsplatz." **– Stefano Bernardin**

Die **Wotrubakirche** im 23. Bezirk ist eine römisch-katholische Kirche im Südwesten der Stadt. Sie wurde 1974 bis 1976 nach Entwürfen des Bildhauers Fritz Wotruba erbaut und ist heute eine Rektoratskirche der Pfarre Mauer.

Das Bauwerk ist dem Stil des sogenannten Brutalismus zuzurechnen und besteht aus 152 unverkleideten Betonblöcken, wovon der höchste 13 Meter misst. Das Licht fällt durch einfache Glasscheiben, die in die Zwischenräume eingesetzt sind, woraus sich überschneidende Lichtbündel ergeben. Bereits vor der Fertigstellung wurde die umstrittene Kirche zum Ausflugsziel von Neugierigen und Kunstinteressierten.

FOTO: MONIKA FELLNER

Nadja Bernhard
ORF-Moderatorin („Zeit im Bild 1")

FOTO: MONIKA FELLNER

9. Griechengasse

„Wo Wien nicht Wien ist, ist es für mich am angenehmsten. Hier in der Griechengasse fühle ich mich besonders wohl, weil sie eine Exotik ausstrahlt, die nicht oft zu finden ist. Etwa durch den einzigen gotischen Turm der Stadt, die Rokokolaterne und die beiden griechisch-orthodoxen Kirchen. Andererseits ist Wien dann aber oft das Fremde – und somit ist es hier vielleicht doch ganz typisch Wien."
– Nadja Bernhard

Die **Griechengasse** im 1. Bezirk wurde nach den in den vergangenen Jahrhunderten in dieser Gegend sesshaft gewesenen griechisch-orthodoxen Kaufleuten beziehungsweise den beiden griechisch-orthodoxen Kirchen Zum Heiligen Georg und Zur Heiligen Dreifaltigkeit benannt. An das ehemalige griechische Viertel erinnert neben ihnen heute unter anderem noch das Griechenbeisl.

Bemerkenswert sind die alten Prellsteine an den Häusern, die verhindern sollten, dass streifende Räder der Pferdekutschen Schaden an den Hausfassaden anrichten.

Konstanze Breitebner

Schauspielerin und Drehbuchautorin

10. Augarten

„Der Augarten ist eine zweite Wohnung für mich. Zu jeder Jahreszeit komme ich hierher, wenn ich Text lerne oder beim Drehbuchschreiben eine Pause brauche. Die Flaktürme sind zudem ein Mahnmal des NS-Irrsinns." **– Konstanze Breitebner**

Der **Augarten** im 2. Bezirk ist ein 52,2 Hektar großer Park der Bundesgärten mit der ältesten barocken Gartenanlage Wiens. Sie bietet neben aufwendigen Blumenlandschaften auch schattige Alleen aus Kastanienbäumen.

Auf dem Areal befinden sich das Augartenpalais, Sitz der Wiener Sängerknaben, das Schloss Augarten mit der gleichnamigen Porzellanmanufaktur und ein Kinderfreibad. Historische Relikte sind die beiden hohen Flaktürme aus dem Zweiten Weltkrieg. In den 1960er Jahren wurde versucht, einen der beiden zu sprengen – er wurde zwar erheblich beschädigt, blieb jedoch bis heute stehen.

FOTO: MONIKA FELLNER

Thomas Brezina
Bestsellerautor

FOTO: LUKAS BECK

11. Roter Schreibwagen

„Dieser tolle Wagen steht in meinem Garten und ist mein Rückzugsort zum Schreiben im Sommer und im Winter. Ich habe ihn mit Espressomaschine und Mini-Eiskasten, fantasievollen Lampen und einem Regal mit Erinnerungsstücken, die mich auf gute Ideen bringen, ausgestattet." **– Thomas Brezina**

Der **Rote Schreibwagen** befindet sich auf Thomas Brezinas Privatgrund im 23. Bezirk.

Michi Buchinger

Kabarettist und Influencer

12. Albertina-Plateau

„Dieser Ort ist repräsentativ für meine Persönlichkeit: Ich bin schon gerne extrovertiert, brauche aber trotzdem immer einen Rückzugsort. Als ich hier in der Nähe gewohnt habe, war er quasi meine Dachterrasse." **– Michi Buchinger**

Direkt hinter der Wiener Staatsoper auf dem Plateau der ehemaligen Bastei im 1. Bezirk sollten die Publikumsströme besser in die Albertina gelenkt werden. Architekt Hans Hollein markierte den erhöhten Eingangsbereich mit einem Flugdach aus Titan, das weit hinausragt und von allen Seiten des Albertinaplatzes aus deutlich zu sehen ist. Das **Albertina-Plateau** erreicht man über eine Treppe oder mittels Rolltreppe, die durch die früheren Festungsmauern führt.

Auf dem Plateau befinden sich einige Parkbänke, die zum Verweilen einladen, sowie eine Aussichtsplattform mit spektakulärem Blick auf die Wiener Staatsoper.

FOTO: LEON COLERUS

Gedeon Burkhard
Schauspieler

13. Loos American Bar

„Ein Ort, an dem ich mich vom ersten Moment an zu Hause gefühlt habe. Ich könnte gar nicht aufzählen, wie viele unvergessliche Abende ich hier während meiner Zeit in Wien bei ‚Kommissar Rex' verbracht habe. Natürlich habe ich auch alle meine Wien-Besucher hierhergeführt, unter anderem Quentin Tarantino, der sich gleich am ersten Abend in eine Barkeeperin verschaut hat und daraufhin, zu meiner großen Freude, viel länger in der Stadt verweilte, als ursprünglich geplant." **– Gedeon Burkhard**

Mit 27 Quadratmetern ist die von Architekt Adolf Loos entworfene Bar im 1. Bezirk die kleinste Wiens. Seit über 110 Jahren fühlen sich hier vom Hipster bis zum Anwalt, vom Prominenten bis zum Normalo alle wohl. Holz, Glas, Messing und Onyx schaffen ein einzigartiges Ambiente, unzählige Spiegel lassen den im Stil des Art déco gestalteten Raum darüber hinaus größer wirken. Die **Loos American Bar** steht heute nicht nur unter Denkmalschutz, sondern ist auch absolut Kult!

Julia Cencig
Schauspielerin, mit Hündin Fanny

14. Wienerbergteich

„Ich habe diesen Teich schon vor vielen Jahren entdeckt, sowohl mein damaliger als auch mein heutiger Hund sind Wasserratten, für die es nichts Schöneres gibt, als mit Anlauf hineinzuspringen. Mir gefallen das entspannte Miteinander von Menschen und Hunden und die weitläufigen, teilweise sehr verschlungenen Spazierwege sehr." **– Julia Cencig**

Bei diesem 123 Hektar großen Erholungsparadies im 10. Bezirk handelt es sich um ein ehemaliges Ziegeleigelände. In den 1960er Jahren wurde die Fabrik am Wienerberg wegen Unrentabilität geschlossen. Im Zentrum steht heute ein künstlich angelegter Teich, der zwölf Hektar große **Wienerbergteich**, der Aushub einstiger Ziegelarbeiten. Das Areal wurde nach der Fabriksschließung zur Schuttablagerung genutzt, anschließend übernahmen die Försterinnen und Förster der Stadt das Gebiet und gestalteten es zur heutigen Ruheoase um. Der Teich hat übrigens den größten Schilfbestand im Wiener Raum und bietet vielfältiger Flora und Fauna ein Zuhause.

FOTO: MONIKA FELLNER

Brigitte und Dieter Chmelar

Pädagogin und Entertainer & Autor, mit Hündin Lily

FOTO: MONIKA FELLNER

15. Schloss Wilhelminenberg

„Selbst bei den schlimmsten Perspektiven finde ich hier die schönsten Aussichten. Wovon ich immer träumte: Ganz Wien liegt mir zu Füßen – und das Beste: Mein Hund führt mich von alleine rauf." **– Dieter Chmelar**

Das **Schloss Wilhelminenberg** im 16. Bezirk liegt wie die Jubiläumswarte am Gallitzinberg und befindet sich inmitten einer 120.000 Quadratmeter großen Parkanlage mit traumhaftem Panoramablick. Anfang des 20. Jahrhunderts beschloss man, das baufällige Schloss abzureißen und ein Palais im Neo-Empirestil zu errichten.

Im Ersten Weltkrieg wurde es zum Lazarett für Kriegsopfer umfunktioniert, später war das Gebäude Sitz der Sängerknaben. Von 1961 bis 1977 diente es als Heim für Sonderschülerinnen und geriet später durch einen Missbrauchsskandal in die Schlagzeilen. Heute befindet sich im Schloss ein Vier-Sterne-Hotel.

Michaela Dorfmeister

Ehemalige Skirennläuferin und Doppel-Olympiasiegerin

16. Wieninger am Nussberg

„Hier hat man eine sensationelle Aussicht auf die Stadt und ich liebe es einfach, Dinge von oben zu betrachten. Wann immer ich hierherkomme, genieße ich die tollen Weine und das herrliche Essen." **– Michaela Dorfmeister**

Der Nussberg ist ein 342 Meter hoher Berg im 19. Bezirk, dessen Name darauf hindeutet, dass er vor der Rodung mit Haselnusssträuchern und nahe bei Nussdorf mit Nussbäumen bewachsen war. Bald wurde er jedoch hauptsächlich zum Weinbau genutzt.

Heute gilt dieser idyllische Fleck als eine der schönsten Weingegenden Wiens mit herrlichem Ausblick, empfehlenswerten Heurigen und Buschenschanken – wie **Wieninger am Nussberg** – inmitten der Weinberge sowie mit zahlreichen Wanderwegen.

FOTO: MONIKA FELLNER

Karoline Edtstadler

Bundesministerin für EU und Verfassung, mit Hund Struppi

17. Am Himmel

„Hier kann man dem Alltag entfliehen: bei einem Tee im Oktogon, einem Spaziergang durch den Baumkreis oder ruhigen Minuten im Steinkreis. Für mich der ideale Ort, um meine Batterien wieder aufzuladen. Die herrliche Aussicht und die Auslaufmöglichkeiten für meinen Hund runden die Vorteile dieses besonderen Ortes ab." – **Karoline Edtstadler**

1997 erwarb das Kuratorium Wald große Teile des elf Hektar großen Areals **Am Himmel** im 19. Bezirk. Der Lebensbaumkreis, das Restaurant Oktogon, ein blühender Weingarten, ein Naturkinderspielplatz und die Sisi-Kapelle, eines der ersten Gebäude in Wien im neugotischen Stil, machen das Erholungsgebiet zu einem beliebten Hotspot. Der Lebensbaumkreis symbolisiert mit seinen 40 Lebensbäumen den Zeitabschnitt eines ganzen Jahres. Jeder Baum ist, ähnlich den zwölf Sternzeichen, einer gewissen Geburtsdekade zugeschrieben.

Virginia Ernst
Sängerin

18. Café Benedikt

„Ich bin in dieser Straße geboren und als ich Kind war, war dieses Café das Stammlokal der Familie. Ich mache hier praktisch alle Termine und liebe besonders dieses unvergleichliche Wiener Ambiente, das man hier in jeder kleinen Ecke spürt."
– Virginia Ernst

Das **Café Benedikt** im 3. Bezirk ist ein echter Altwiener Rückzugsort. Hier kann man der Hektik des Alltags entfliehen und Ruhe, gepaart mit Gemütlichkeit, genießen. Entschleunigung pur – bei einer guten Tasse Kaffee, einem Frühstück, das ganztägig erhältlich ist, oder beim Entdecken der hauseigenen Spezialitäten wie Kipferlschmarrn oder handgewuzelten Mohnnudeln.

FOTO: MONIKA FELLNER

Toni Faber
Dompfarrer

19. Stephansdom

„Er ist das pulsierende Herz der Stadt und ‚das breite Dach Gottes' bietet allen Menschen einen Platz – mit ihren Sorgen, Nöten und Freuden. Hier kann ich auftanken und alle Menschen der Liebe Gottes anvertrauen." **– Toni Faber**

Der gotische **Stephansdom** im 1. Bezirk ist seit 1365 Domkirche, seit 1469/1479 Kathedrale und seit 1723 Metropolitankirche des Erzbischofs von Wien. Der von den Wienern kurz Steffl genannte römisch-katholische Dom gilt als das Wahrzeichen und wird auch als österreichisches Nationalheiligtum bezeichnet.

Das Bauwerk ist 109 Meter lang und 72 Meter breit. Teile des spätromanischen Vorgängerbaus von 1230/40 bis 1263 sind noch erhalten und bilden die Westfassade. Die (neue) Pummerin, größte Glocke Österreichs, befindet sich seit 1957 im Nordturm (die alte war 1945 beim Dombrand herabgestürzt und zerbrochen).

Christoph Fälbl
Schauspieler und Kabarettist

20. Außergewöhnlich – inklusives Café by 0816

„Das Außergewöhnlich ist großartig, weil es hier außergewöhnliche Menschen gibt und es außergewöhnlich gemütlich ist. Es ist unglaublich bereichernd, mit den liebenswürdigen Kindern und Jugendlichen und der lieben Verena zu arbeiten." **– Christoph Fälbl**

Das **Außergewöhnlich – inklusives Café by 0816** ist ein inklusives Café, das vom Verein „alles, außer gewöhnlich" geleitet wird und von Verena Augustin und Christoph Fälbl im Oktober 2023 eröffnet wurde. Es bietet Kindern und Jugendlichen mit besonderen Bedürfnissen eine Ausbildungsstätte. Ziel ist es, einen passenden Übergang in die Arbeitswelt zu schaffen – und das auf Augenhöhe. Schon immer war es ein Wunsch von Christoph Fälbl, ein eigenes Café zu eröffnen, den er sich nun, noch dazu mit einem ganz besonderen Mehrwert, erfüllt hat.

FOTO: MONIKA FELLNER

Lucas Fendrich
Sänger

21. Naschmarkt

„Die Liebe zu diesem Ort habe ich seiner kulinarischen Vielfalt und den verschiedenen kulturellen Begegnungen zu verdanken. Die Qualität des Essens ist hoch und trotzdem ist es am Naschmarkt nicht überzogen fancy." **– Lucas Fendrich**

Der heutige Name **Naschmarkt** ist ab dem Jahr 1820 belegt und leitet sich wohl von „naschen" und den dort angebotenen Süßwaren ab.

Er ist mit etwa fünf Kilometern Länge und einer Fläche von 2,3 Hektar der größte innerstädtische Markt Wiens. Der Markt befindet sich heute zur Gänze im 6. Bezirk und sorgt mit rund 170 Marktständen und Lokalen sowie seiner Atmosphäre, die an einen orientalischen Basar erinnert, für ein buntes kulinarisches Angebot aus Ländern wie Griechenland, der Türkei, Japan oder China.

FOTO: MONIKA FELLNER

Martin Ferdiny

ORF-Moderator („Studio 2")

22. ORF-Zentrum

„Ich bin eigentlich ein Landei und in der großen Stadt habe ich ein bisschen Angst vor so vielen Autos und Beton. Deshalb flüchte ich gern in diese grüne Oase im ORF-Zentrum, da gibt es beinah frische (Künigl-)Bergluft." **– Martin Ferdiny**

Das **ORF-Zentrum** am Küniglberg im 13. Bezirk ist der Hauptsitz des öffentlich-rechtlichen Österreichischen Rundfunks. 1967 wurde Roland Rainer der Auftrag zum Entwurf erteilt, zwischen 1972 und 1975 nahm der Komplex dann schrittweise den Betrieb auf.

Seit 2007 steht das Gebäude unter Denkmalschutz. Das weitläufige Areal umfasst einen zentralen Gerätekomplex, einen siebengeschoßigen Haupttrakt für die Verwaltung, zwei große und ein kleines Produktionsstudio sowie ein 1.500 Quadratmeter großes Fernsehtheater.

Elīna Garanča

Opernsängerin

23. Café Mozart

„Das Café ist ein geschätzter Zufluchtsort für mich. Sein opulentes Dekor wirkt manchmal wie ein Spiegelbild der Arien, die ich singe und die in meiner Seele nachklingen, die bezaubernden Kronleuchter mit ihrem warmen Licht, die antike Spiegel beleuchten, die Geheimnisse aus der Vergangenheit zu bergen scheinen. Jeder Schluck Kaffee nimmt mich mit auf eine märchenhafte Reise, auf der ich dem Alltag entfliehen kann.

Meine Freunde hier zu verwöhnen, mit ihnen zu lachen und Geschichten zu erzählen ist für mich eine schöne Wiener Tradition geworden." **– Elīna Garanča**

Das **Café Mozart** im 1. Bezirk ist ein klassisches Wiener Kaffeehaus in unmittelbarer Nähe der Albertina.

Seinen heutigen Namen erhielt es 1929 – er bezieht sich auf das Mozartdenkmal, welches bis 1945 am Albertinaplatz stand. Seit 1953 befindet sich dieses Denkmal übrigens im Burggarten.

Andreas Goldberger
Ehemaliger Skispringer und Weltmeister

24. Stadtpalais Liechtenstein

„Als ehemaliger Skiflieger bevorzuge ich natürlich luftige Höhen und von hier aus hat man einen wunderschönen Ausblick über die Innenstadt. Nur drüberfliegen wäre noch schöner!" **– Andreas Goldberger**

Das 1705 eröffnete **Stadtpalais** im 1. Bezirk erstrahlt seit 2013 nach fast fünf Jahren Renovierungsarbeit in neuem altem Glanz. Es gilt als erstes bedeutendes Bauwerk des Hochbarock in Wien. Barocke Stuckdecken fügen sich mit dem üppigen Neo-Rokoko-Interieur, der Originalmöblierung sowie den raffinierten Parkettböden von Michael Thonet zu einem harmonischen Ganzen. Ausgewählte Werke des Biedermeier und Klassizismus aus der privaten Kunstsammlung des Fürsten von und zu Liechtenstein sind im Rahmen gebuchter Führungen zu besichtigen.

In den Obergeschoßen stehen prunkvolle historische Räume für exklusive Veranstaltungen zur Verfügung.

FOTO: CLEMENS TRISCHLER

Ana Milva Gomes
Musicalsängerin

25. Bühne des Raimund Theaters

„Das Theater ist mein zweites Zuhause in Wien geworden. Das Haus ist architektonisch wunderschön und die Kollegen sind besonders liebenswert. Sie sind für mich wie meine Familie."
– Ana Milva Gomes

Das **Raimund Theater** im 6. Bezirk gehört zu den Vereinigten Bühnen Wien und dient hauptsächlich als Spielstätte für Musicals. Es wurde 1893 gegründet und nach dem österreichischen Dramatiker Ferdinand Raimund benannt. Erst seit 1976 begeistern hier Musical-Uraufführungen wie „Die Schöne und das Biest", „Tanz der Vampire", „Barbarella" oder „Romeo und Julia" das Publikum.

Von 2012 bis 2014 stand „Elisabeth" anlässlich des 20. Jahrestages der Uraufführung auf dem Spielplan. Seither sind im Saal vier LED-Übersetzungstafeln angebracht, auf denen die Stücke ins Englische übersetzt werden.

Sylvia Graf
Moderatorin bei Hitradio Ö3

26. Urania

„Als ich nach Wien kam, um hier zu arbeiten, wollte ich in der Nähe des Senders wohnen. Ich liebe den Blick von der Urania auf den Donaukanal, direkt am Wasser zu sein und trotzdem mitten in der Stadt." **– Sylvia Graf**

Die 1897 als Volksbildungsinstitut gegründete **Urania** ist heute mit einem breit gefächerten Bildungsangebot von Filmreihen, Kulturwochen, Symposien, Workshops und Vorträgen eines der bedeutendsten Erwachsenenbildungseinrichtungen in Österreich.

Im Jahr 1910 bezog der Volksbildungsverein das vom Otto-Wagner-Schüler Max Fabiani geplante Gebäude am Donaukanal im 1. Bezirk. Nach 1945 beschritt man mit dem heute noch existierenden Urania-Puppentheater neue Wege. 2003 wurde das Gebäude, das neben einem Kino auch eine Sternwarte beherbergt, generalsaniert. Es hatte besonders im Zweiten Weltkrieg schwere Beschädigungen erlitten.

FOTO: MONIKA FELLNER

Elisabeth Gürtler
Unternehmerin

27. Café Bel Étage

„Wien war immer berühmt für die verschiedenen Ecken, die den Vorteil haben, dass man in mehrere Richtungen sehen kann, aber: Die Oper ist immer im Vordergrund. Wienerischer kann es nicht sein. Wenn ich hierher komme, reserviere ich genau diesen Eckplatz." – **Elisabeth Gürtler**

Das **Café Bel Étage** des renommierten Hotels Sacher im 1. Bezirk erstreckt sich über zwei Etagen und sorgt für ein großzügiges Raumgefühl. Hier kann man ein Stück der weltberühmten Original Sacher-Torte oder andere Köstlichkeiten genießen. Im gemütlichen ersten Stock nehmen Besucher auf samtenen Sofas oder in einladenden Séparées mit einem beeindruckenden Blick auf die Wiener Staatsoper Platz. Die ebenerdige Sacher Confiserie besticht durch majestätischen weißen Marmor und ein Verkaufskonzept, das sich auf visuelle und haptische Erlebnisse für die Kunden konzentriert.

Sabine Haag
Museumsdirektorin

28. Kunstkammer im Kunsthistorischen Museum

„Sie ist ein magischer Ort, den es in keinem anderen Museum in dieser Form gibt. Hier entsteht ein Kosmos – alles, was es zum Staunen gibt, kann man hier sehen. Sie ist meine wissenschaftliche Heimat, in der so viel Schönheit vereint ist." **– Sabine Haag**

Die **Kunstkammer** befindet sich im 1887 bis 1891 erbauten Museum im 1. Bezirk, welches als eines der größten und bedeutendsten der Welt gilt. Auf einer Fläche von knapp 2.700 Quadratmetern kann man hier mehr als 2.200 Objekte bestaunen. Nachempfunden ist sie den Kunst- und Wunderkammern des späten Mittelalters sowie der Renaissance- und Barockzeit und geht vor allem auf die früheren Sammlungen der Habsburger zurück. Für weltweites Medieninteresse sorgte die Kunstkammer durch den spektakulären Diebstahl von Benvenuto Cellinis Saliera. Das FBI setzte das Werk auf Platz fünf der wertvollsten gestohlenen Kunstgegenstände. Trotzdem blieb es drei Jahre lang verschollen, ist aber heute wieder im Museum zu bestaunen.

FOTO: MONIKA FELLNER

Waltraut Haas und Marcus Strahl

Schauspielerin und Regisseur & Intendant der Wachaufestspiele Weißenkirchen

29. Privathaus Haas

„Unser Lieblingsplatz in Wien ist das Haus, das ich im 13. Bezirk Ende der 1950er Jahre von meinen ersten Filmgagen gebaut habe. Gemeinsam mit meinem Mann Erwin Strahl habe ich es in den 1960er Jahren fertig ausgebaut.

Marcus ist hier nicht nur aufgewachsen, sondern hat auch seine ersten 20 Lebensjahre in diesem Haus verbracht. Zusammen mit meiner Mutter Stefanie, die immer im Kreis unserer Familie lebte, und unseren Pudeln habe ich hier die schönsten Jahre meines Lebens verbracht." **– Waltraut Haas**

Alfons Haider

Entertainer und Generalintendant der Seefestspiele Mörbisch & des jOPERA jennersdorf festivalsommers

30. John Harris im DC Tower

„Ich habe viel in der Welt gesehen, doch die exklusiven John Harris Fitnessstudios sind einzigartig. Das Training ist mittlerweile ein unverzichtbarer Bestandteil meines Lebens geworden. Ich fühle mich hier immer wie zu Hause." **– Alfons Haider**

Die DC Towers im 22. Bezirk sind drei vom französischen Architekten Dominique Perrault entworfene Wolkenkratzer.

Das Fitnessstudio **John Harris im DC Tower** 1 befindet sich im zweiten Stockwerk dieses höchsten Gebäudes Österreichs. Das höchste Bauwerk des Landes hingegen ist der nur zwei Meter höhere Donauturm.

Neben dem Studio befinden sich in diesem DC Tower zahlreiche Büros, ein Luxushotel, ein Restaurant im 57. Stock sowie eine Außenterrasse im 58. Stockwerk. Während sich der DC Tower 2 derzeit in der Bauphase befindet, wurde der DC Tower 3 im Jahr 2022 fertiggestellt.

FOTO: CHRIS SINGER

Andrea Händler

Kabarettistin

FOTO: MONIKA FELLNER

31. Alte Donau

„2011 habe ich hier eine Kabane bezogen und kann stundenlang Zeit damit verbringen, das Treiben zu beobachten, die Seele baumeln zu lassen und die beruhigende Wirkung des Wassers zu genießen. Ich habe stets das Gefühl, im Urlaub zu sein."

Die **Alte Donau** im 22. Bezirk ist ein 1,56 Quadratkilometer großes und dank der U-Bahn dem Stadtzentrum nahes Freizeit- und Badeareal. Rund um das Binnengewässer gibt es zahlreiche Liegewiesen, Bootsverleihe und Gastronomiebetriebe. Besonders beliebt sind die öffentlichen Strandbäder. Am bekanntesten ist das Gänsehäufel – eine bewaldete, rund 20 Hektar große Insel inmitten der Alten Donau. Erreichbar ist das Gänsehäufel, das bis zu 30.000 Gästen Platz bietet, über eine Brücke von Kaisermühlen aus.

Im Bereich der heutigen Alten Donau standen früher Schiffsmühlen (Wassermühlen).

Philipp Hansa
Moderator bei Hitradio Ö3

32. Liechtensteinpark

„Es gibt hier einen seelenberuhigenden Teich und einen Tischtennisplatz, an dem ich regelmäßig einen Freund besiege. Manchmal gehe ich auch nur hier durch, um runterzukommen. Du bekommst das Gefühl, für einen kurzen Moment der Hektik einer Großstadt zu entkommen." **– Philipp Hansa**

Der **Liechtensteinpark** im 9. Bezirk befindet sich im Eigentum des Fürstenhauses, ist aber tagsüber öffentlich zugänglich. Ursprünglich wurde er am Anfang des 18. Jahrhunderts als Barockgarten angelegt, im Laufe der Zeit dann aber zum Landschaftsgarten umgestaltet.

Alter Baumbestand, Sträucher, Rasenflächen und ein Gartenteich laden zum Entspannen ein. Das barocke Gartenpalais Liechtenstein beherbergt eine der bedeutendsten privaten Kunstsammlungen der Welt. Auf der Rückseite des Parks, dem Gartenpalais gegenüber, befindet sich ein weiteres, 1873 bis 1875 für die Fürstenwitwe errichtetes Palais.

FOTO: MONIKA FELLNER

Maria Happel
Schauspielerin und Intendantin der Festspiele Reichenau

33. Lusterboden im Burgtheater

„Der fantastische Blick hier oben über den Volksgarten hinüber zum Parlament – vor jeder Premiere die beste Beruhigung gegen Lampenfieber." **– Maria Happel**

Das Burgtheater im 1. Bezirk, oft nur „Die Burg" genannt, gilt als eine der bedeutendsten Bühnen Europas und ist nach der Comédie-Française das zweitälteste europäische sowie das größte deutschsprachige Sprechtheater. Es wurde 1888 am heutigen Universitätsring eröffnet. Nachdem es 1945 infolge von Bombenangriffen vollständig ausgebrannt war, diente das Ronacher bis zur Wiedereröffnung 1955 als Ausweichquartier.

Der **Lusterboden** in 43 Metern Höhe ist eine im Dachgeschoß des Theaters befindliche Probebühne. Diesen Raum gibt es erst seit 1955, er wird heute unter anderem als Requisitenlager verwendet.

Adi Hirschal

Schauspieler und Intendant des Kultursommers Laxenburg

34. Jodok-Fink-Platz

„Mein absoluter Lieblingsplatz, weil meine Traumgasse, die Maria-Treu-Gasse, in ihn mündet. Durch Zufall bin ich vor 28 Jahren in die wunderbare Lage gekommen, hier wohnen zu dürfen. Der 8. Bezirk ist für mich Heimat."
– Adi Hirschal

Das markanteste Baujuwel am **Jodok-Fink-Platz** im 8. Bezirk, benannt nach dem früheren Vizekanzler Jodok Fink, ist die barocke Piaristenkirche Maria Treu. Sie bildet den Mittelpunkt des Platzensembles.

Vor ihr thront eine 1713 von Georg Constantin Graf Simich gestiftete Mariensäule, die zum Dank für das Erlöschen der Pest geweiht wurde.

Weiters befinden sich am Platz das Piaristenkloster, mit Deckengemälden und Medaillons von Franz Anton Maulbertsch, und das Piaristengymnasium.

FOTO: MONIKA FELLNER

Benny Hörtnagl
Moderator bei Hitradio Ö3

FOTO: LEON COLERUS

35. Kutschkermarkt

„Dieser Markt hat für mich einen ganz besonderen Vibe und eine ganz spezielle Ausstrahlung: Die Marktstände, dazwischen die Gastronomie, zudem ist es meistens relativ ruhig, das Leben hier am Markt ist weniger gestresst und man geht automatisch einige Schritte langsamer. Ich treffe hier oft Freunde oder bespreche Projekte. Das war in den 23 Jahren, in denen ich in Wien lebe und arbeite, immer ein guter Platz für mich!" **– Benny Hörtnagl**

Der **Kutschkermarkt** im 18. Bezirk ist neben dem Brunnenmarkt der letzte verbliebene Straßenmarkt der Stadt. Beliebt bei Jung und Alt ist der samstägliche Bauernmarkt und seine hippen Lokale vor allem wegen der erlesenen Delikatessen. Das Angebot reicht u. a. von feinem Obst und Gemüse über Brot, Fisch, Käse und Wein bis zu Säften und Marmeladen. Außerdem gibt es prachtvolle Blumengeschäfte.

Agnes Husslein

Museumsdirektorin

36. Heidi Horten Collection

„Einer meiner Lieblingsplätze dieses Ortes im Herzen der Stadt ist der Museumsvorplatz, wo wir einen kleinen Park angelegt haben, der mit prachtvollen Skulpturen bestückt ist. Ein städtischer Ruhepol, wo man Natur gepaart mit Kultur und Kunst genießen kann." **– Agnes Husslein**

Im 1. Bezirk lockt seit 2022 die **Heidi Horten Collection** mit einer der hochkarätigsten Privatsammlungen Europas. Dafür wurde ein Innenstadtpalais, zwischen Wiener Staatsoper, Albertina und Burggarten gelegen, aufwendig renoviert und in einen modernen Museumstempel verwandelt.

Die österreichische Milliardärin und Kunstmäzenin Heidi Goëss-Horten (1941–2022) trug seit den 1990er Jahren eine mehrere hundert Werke umfassende Sammlung von der klassischen Moderne bis zur Gegenwart zusammen: Gustav Klimt, Egon Schiele, Marc Chagall, Pablo Picasso, Andy Warhol und viele mehr sind hier zu besichtigen.

FOTO: MONIKA FELLNER

Hannes Jagerhofer

Unternehmer und Beachvolleyball-Veranstalter

37. Donauinsel

„Ein Ort, an dem unglaubliche Kräfte auf einen einwirken. Auf der einen Seite die Wassermassen der fließenden Donau, auf der anderen die so viel Ruhe ausstrahlende Neue Donau. Dies alles wird umrahmt von viel Naturfläche, was in einer Großstadt so selten ist." **– Hannes Jagerhofer**

Die **Donauinsel** – kurz auch „Insel" genannt – ist eine zwischen 1972 und 1988 errichtete, etwa 21 Kilometer lange und bis zu 250 Meter breite künstliche Insel im 22. Bezirk zwischen der Donau und der Neuen Donau.

Sie ist Teil des Wiener Hochwasserschutzes und dient zudem gemeinsam mit der Alten und Neuen Donau als Naherholungsgebiet im Wiener Donaubereich.

Alljährlich findet hier das Donauinselfest statt. Mit knapp drei Millionen Besuchern ist das Event Europas größtes Freiluftfestival mit freiem Eintritt. Auch die Beachvolleyball-Europameisterschaft fand hier bereits mehrere Male statt.

Marc Janko
Ehemaliger Fußballspieler

38. Prater Hauptallee

„Während meiner Karriere war sie ein wichtiger Ort für die Trainingseinheiten. In dieser ‚grünen Lunge' der Stadt haben meine Töchter Radfahren gelernt, man ist in der Natur, aber trotzdem nur einen Katzensprung vom Zentrum entfernt. Und natürlich ist hier auch das Stadion, wo wir unzählige Nationalspiele absolviert haben." **– Marc Janko**

Die 4,4 Kilometer lange, im 2. Bezirk gelegene **Prater Hauptallee** führt vom Praterstern zum Lusthaus. Auf den ersten 700 Metern grenzt nördlich der Wurstelprater an – Wiens größter Vergnügungspark. Die Hauptalle wurde, wie der gesamte Prater, von Kaiser Joseph II. 1766 für die Öffentlichkeit freigegeben, entstand aber bereits 1538 durch Schlägerungen im Auwald.

Unweit der Allee befindet sich auch das 1897 errichtete Riesenrad, eines der prägnantesten Wahrzeichen Wiens. Etwa 2,3 Kilometer vom Praterstern entfernt liegt das 1931 eröffnete Praterstadion, heute auch als Ernst-Happel-Stadion bekannt. Unweit des Fußballstadions grenzen auch die Liegewiesen des Stadionbads an die Allee.

FOTO: MONIKA FELLNER

Jazz Gitti
Sängerin

39. Schweizerhaus

„Das Schweizerhaus ist richtig gemütlich und der einzige Ort, an dem ich zur köstlichen Stelze als Nicht-Biertrinkerin ein Seidel dunkles Bier trinke." – **Jazz Gitti**

Das **Schweizerhaus** im 2. Bezirk ist eine traditionsreiche Wiener Gaststätte, die mit dem Vergnügungspark Prater untrennbar verbunden ist. Der Name leitet sich von einer 1868 im Prater eröffneten Schweizer Meierei ab. Das Lokal verfügt über einen groß angelegten Biergarten, der in kleinere Bereiche unterteilt ist, die nach den Wiener Gemeindebezirken benannt sind. Als Spezialitäten des Hauses gelten die legendären Schweinsstelzen sowie die Erdäpfelpuffer.

Das Schweizerhaus ist von 15. März bis 31. Oktober geöffnet und bietet Platz für 2.400 Gäste.

Philipp Jelinek
ORF-Moderator ("Fit mit Philipp") und Vorturner der Nation

40. Restaurant Francesco Grinzing

"Jedes Mal, wenn ich dieses einmalige Lokal betrete, fühlt es sich an, wie nach Hause zur Familie zu kommen. Nicht nur, dass ich seit 15 Jahren Stammgast bin, hatte ich hier auch das erste Date mit meiner heutigen Ehefrau Manuela."
– Philipp Jelinek

Das **Restaurant Francesco Grinzing** ist ein Stück Italien im 19. Bezirk. Der offene Pizzaofen, die Bar, das heimelige Ambiente, die steinernen Statuen und nicht zuletzt die köstlichen Pizza-Variationen vermitteln das Gefühl, in Bella Italia zu sein. Im Sommer lädt der große Gastgarten mit schattenspendenden Kastanienbäumen zum Verweilen ein. Das Restaurant ist auch als Hochzeitslocation äußerst beliebt.

FOTO: MONIKA FELLNER

Corinna Kamper
Motorsport-Expertin und ehemalige Rennfahrerin

FOTO: MONIKA FELLNER

41. Hundertwasserhaus

„Durch Zufall habe ich diesen inspirierenden Ort beim Vorbeifahren kennen und gleich lieben gelernt. Für mich spiegelt er die bunte Vielfalt der Großstadt perfekt wider."
– Corinna Kamper

Das **Hundertwasserhaus** im 3. Bezirk trägt die Handschrift des Künstlers Friedensreich Hundertwasser. Die mit vielen bunten Farben verzierte Außenfassade zieht schon von weitem die Blicke geradezu magisch auf sich. Mehr als 200 Bäume und Sträucher auf den Balkonen und Dachterrassen machen aus dem Gebäude eine grüne Oase mitten in der Stadt.

Gleich gegenüber befindet sich das Hundertwasser Village, ein 1991 aus einer Reifenwerkstatt entstandenes Einkaufszentrum mit einem „Dorfplatz", einer Bar und zahlreichen Geschäften im unverwechselbaren Stil des Künstlers.

Aaron Karl
Schauspieler

42. Jubiläumswarte

„Über 183 Stufen gelangt man zu diesem herrlichen Panorama. Ein Aufstieg, der sich lohnt, denn auf der Warte kann man Sonnenaufgänge über Wien oder Sonnenuntergänge über dem Wienerwald genießen. Auch wenn das alleine schon schön genug ist, empfehle ich, es in Zweisamkeit zu tun."
– Aaron Karl

Die **Jubiläumswarte** im 16. Bezirk ist eine 31 Meter hohe Aussichtswarte auf dem Gallitzinberg am westlichen Stadtrand. Sie bietet einen fantastischen Panoramablick über Wien und den Wienerwald. Der Ursprung der Warte geht auf das Jahr 1898 zurück: Anlässlich des 50-jährigen Regierungsjubiläums von Kaiser Franz Joseph I. wurde ein erster Turm errichtet. 1956 folgte die Eröffnung des heutigen Turms aus Beton und stahlarmierten Pfeilern.

Nach einigen Erneuerungen und Renovierungsarbeiten ist die Aussichtswarte heute wieder ein beliebtes Ausflugsziel.

FOTO: MONIKA FELLNER

Andrea Kdolsky
Ärztin und ehemalige Gesundheitsministerin

43. Am Cobenzl

„Der Cobenzl ist mein absoluter Ruheort! Hier bin ich weg von der Stadt, aber trotzdem mittendrin, und kann den Kopf frei bekommen. Ich finde es faszinierend, in der Wiese zu sitzen und auf die lärmende Stadt zu schauen." **– Andrea Kdolsky**

Der Reisenberg, umgangssprachlich **Am Cobenzl** genannt, ist ein Vorgipfel des Latisbergs im 19. Bezirk. In den späten 1980er Jahren nahmen der hinter dem einstigen Schloss liegende landwirtschaftliche Betrieb und auch der Weinanbau Aufschwung.

Seit 2003 besteht das „Landgut Wien Cobenzl", ein kleiner Bauernhof mit Tieren, der besonders für Kinder und Jugendliche ein Highlight ist.

Im September 2022 wurde das Ensemble mit einzigartigem Panoramablick nach einer Investition von knapp 20 Millionen Euro unter dem Namen „Weitsicht Cobenzl" wiedereröffnet. Das heutige Café Rondell, das Schloss und auch die Meierei waren zuvor jahrelang leer gestanden.

Arabella Kiesbauer
Fernsehmoderatorin

44. John Harris am Schillerplatz

„Seit über 20 Jahren ist das John Harris am Schillerplatz nicht nur mein Fitnessstudio, sondern quasi auch mein zweites Wohnzimmer. Hier treffe ich Freunde auf einen Kaffee, lasse mich massieren oder schwitze bei meinem geliebten Tanztraining. Was mir besonders gefällt, ist, dass das Studio erstklassig ausgestattet und zugleich super stylisch ist. Ein echter Fitness-Designtempel."
– Arabella Kiesbauer

Im 1. Bezirk, unweit zahlreicher zentraler Sehenswürdigkeiten, befindet sich das Fitnessstudio **John Harris am Schillerplatz.** Bereits mehr als 35 Jahre ist die Fitnesskette mit zwölf Standorten der führende Premiumanbieter des Landes.

FOTO: DRAGAN DOK

Angelika Kirchschlager

Opernsängerin

45. Rathausplatz

„Der Rathausplatz ist der Marktplatz meines Dorfes. Es klingt vielleicht komisch, aber hier fühle ich mich zu Hause: Ich wohne in der Nähe, habe hier bei den Festwochen gearbeitet, mein Sohn spielt am Burgtheater und im Volksgarten kann ich wunderbar Rosen schnuppern." **– Angelika Kirchschlager**

Der **Rathausplatz** im 1. Bezirk wurde nach dem hier 1872 bis 1883 errichteten Wiener Rathaus benannt. Aufgrund seiner Größe und Gestaltung sowie der Architektur der an den Platz angrenzenden Gebäude gilt er als einer der bedeutendsten Plätze im Zentrum Wiens.

Der Platz wird ganzjährig für kulturelle und gesellschaftliche Veranstaltungen, wie etwa den Christkindlmarkt, den Wiener Eistraum, die Eröffnung der Wiener Festwochen und zahlreiche Freiluft-Kinovorführungen, genutzt.

Traditionell wird seit 1959 zur Weihnachtszeit ein riesiger Christbaum errichtet, der jedes Jahr von einem anderen Bundesland an Wien geschenkt wird.

FOTO: MONIKA FELLNER

Lilian Klebow
Schauspielerin

FOTO: MONIKA FELLNER

46. Kraftwerk Freudenau

„Ich finde die Wassermengen hier sehr beeindruckend. Wenn man oben in der Mitte steht, fühlt man sich, als würde man fliegen, ein bisschen wie in der berühmten Szene von ‚Titanic'."
– *Lilian Klebow*

Zwischen 1991 und 1998 wurde das **Kraftwerk Freudenau** im 2. Bezirk von der Österreichischen Donaukraftwerke AG gebaut. Noch während der Bauarbeiten kam es zu einem schweren Schiffsunfall, bei dem acht Matrosen ums Leben kamen.

Am rechten Ende der Staumauer liegen die beiden Schleusen mit einer nutzbaren Länge von jeweils 275 Metern und einer nutzbaren Breite von 24 Metern. Das Wehr besteht aus vier Wehrfeldern und befindet sich am linksufrigen Ende der Staumauer. Das Kraftwerk kann von Fußgängern und Radfahrern auch als Donaubrücke verwendet werden.

Leona König

ORF-Moderatorin („Stars & Talente by Leona König"), Schauspielerin und „Goldene Note"-Initiatorin

47. Heldenplatz

„Dieser Platz ist Teil meines täglichen Weges, egal ob ich mit meinem Hund Bo spazieren gehe oder ins Fitnessstudio laufe. Die besondere Energie und schöne Architektur der Gebäude am Heldenplatz sind einfach magisch." **– Leona König**

Der **Heldenplatz** im 1. Bezirk gehört zum Areal der Hofburg. Der Bundespräsident residiert im angrenzenden Teil, der Bundeskanzler am direkt verbundenen Ballhausplatz. Zum Volksgarten hin ist er baulich nicht geschlossen, da der als Teil des Kaiserforums geplante Nordwesttrakt der Neuen Burg nie gebaut wurde.

Seit Jahrzenten findet hier anlässlich des österreichischen Nationalfeiertages am 26. Oktober die traditionelle Kranzniederlegung der Bundesregierung sowie die Angelobung der Rekruten des Bundesheeres unter der Führung des Bundespräsidenten statt.

FOTO: MONIKA FELLNER

Nina Kraft
Moderatorin

48. Erste Campus

„Wenn mir nach ‚Leute-Schauen' zumute ist, komme ich gerne hierher. Ich liebe dieses Viertel und die multikulturellen Vibes. Die moderne Architektur und die Grünflächen machen es zu einer perfekten Wohlfühloase." **– Nina Kraft**

    Der **Erste Campus** im 10. Bezirk ist Teil des „Quartier Belvedere" und nur einen Steinwurf von der Innenstadt entfernt. Auf der Fläche zwischen dem Schloss Belvedere, dem Hauptbahnhof und dem Schweizer Garten ist 2015 auf geschichtlichem Boden ein völlig neuer Stadtteil entstanden.
    Das pulsierende Viertel ist ein Ort, an dem Reisende aus aller Welt auf Arbeitende, Studenten, Familien und Pensionisten treffen, sich austauschen und gemeinsam leben und arbeiten.

Brigitte Kren
Schauspielerin, mit Hund Louie

49. Stadtpark

„Der Stadtpark bietet gepflegte Grünflächen, ausgefallene Baumarten und einen Teich mit Enten zur Freude großer und kleiner Kinder – meine Enkel, strenge Notengeber in Sachen Spielplätze, sind kaum nach Hause zu bekommen. Abseits der historischen Bedeutung kann man hier je nach aktuellem finanziellen Befund der Geldbörse seine kulinarischen Gelüste vielerorts stillen." **– Brigitte Kren**

Der **Stadtpark** ist eine etwa 65.000 Quadratmeter große Parkanlage, die sich sowohl im 1. als auch im 3. Bezirk befindet, mit zahlreichen Monumenten, Brunnen und einem Teich. Mit dem vergoldeten Bronzestandbild von Johann Strauss (Sohn) steht hier auch eines der bekanntesten und meistfotografierten Denkmäler Wiens.

In unmittelbarer Nähe thront der Kursalon, ein historisches Prachtgebäude im Stil der italienischen Renaissance, der heute als beliebter Veranstaltungsort dient.

Mit dem Restaurant Steierereck in der ehemaligen Milchtrinkhalle befindet sich heute einer der besten Gourmettempel der Welt mitten im Park.

FOTO: MONIKA FELLNER

Marvin Kren
Regisseur und Produzent

50. Café Engländer

Das Café gehörte meinem verstorbenen Vater. Ich bin hier sozusagen aufgewachsen und fühle mich ihm an diesem Ort sehr nahe. Außerdem hatte ich hier das erste Date mit meiner Frau und verbringe viele schöne Momente mit Freunden und der Familie. Einfach ein Ort der Heimat." **– Marvin Kren**

Das **Café Engländer** im 1. Bezirk ist besonders in der Kulturszene beliebt und hat längst Kultstatus erreicht. Bekannt ist es vor allem für seine gute Küche; was die Einrichtung betrifft, wirkt es auf den ersten Blick zurückhaltend und eher unspektakulär, entfaltet aber beim genaueren Hinsehen eine gewisse Erhabenheit und Eleganz. Alleine die Thonetstühle, die rot und grün bezogenen Sitzbänke und die klassisch gekleideten Ober machen das „Engländer" zum echten Kaffeehaus. Die Wahrscheinlichkeit, hier einen Star beim gemütlichen Kaffee zu treffen, ist hoch.

Christa Kummer

ORF-Wettermoderatorin

51. Kaiserpavillon Schönbrunn

„Die Magie des Pavillons ist faszinierend: Am 13. Mai und am 31. Juli kann man hier Lichtspiele beobachten: Dabei scheint die Sonne mehr als zehn Minuten lang, zentimetergenau durch die Mittelfenster des Gebäudes, das dabei völlig mit Licht durchflutet wird." **– Christa Kummer**

Der 1759 erbaute **Kaiserpavillon Schönbrunn** im 13. Bezirk befindet sich im gleichnamigen Tiergarten. Ein Deckenfresko von Ignaz Mildorfer zeigt Szenen aus Ovids „Metamorphosen". Auf zwölf dem Hofmaler Franz Fuxeder zugeschriebenen Ölgemälden sind insgesamt 33 Tiere zu sehen, die vermutlich zu dieser Zeit in Schönbrunn untergebracht waren. Unter Franz I. Stephan und Maria Theresia sowie Franz Joseph I. und Elisabeth diente er als Frühstücksraum. Überlieferungen berichten sogar von einem unterirdischen Verbindungsgang zum Schloss Schönbrunn und einer Verwendung des Kellers als alchemistisches Labor.

Nach dem Ende des Ersten Weltkriegs stand der Pavillon vorübergehend leer, seit 1950 befindet sich hier ein Restaurant.

FOTO: MONIKA FELLNER

Andy Lee Lang
Entertainer

FOTO: MONIKA FELLNER

52. Neustift am Walde

„Für mich ein perfekter Platz, um die Seele baumeln zu lassen und dies mit einem guten Glas Wein zu verbinden. Wien, Wein und die typische Wiener Musik sind untrennbar miteinander verbunden." **– Andy Lee Lang**

Das ländlich geprägte **Neustift am Walde** im 19. Bezirk ist bekannt für seine jahrhundertealte Heurigen- und Weinbautradition. Hauptstraße des Ortes ist die von heimeligen Restaurants, Heurigen und Weinbars gesäumte Rathstraße. Zahlreiche familiengeführte Weinkellereien bieten auch Weinproben und Weinbergbegehungen an. Das viertägige Weinfest „Neustifter Kirtag" im Sommer steht alljährlich im Zeichen traditioneller Bräuche und Trachten. Zu den Höhepunkten der Veranstaltung gehört der feierliche Umzug.

Tarek Leitner

ORF-Moderator („Zeit im Bild 1") und Autor

53. Neubaugasse

„Sie ist die urbanste Dorfstraße, die es gibt, und das Zentrum des Laboratoriums für die Zukunft städtischen Zusammenlebens. Hier wird vieles ausprobiert: Sprühnebel am Gehsteig, der die Passanten an heißen Tagen kühlt, hier steht der erste ‚Offene Bücherschrank' zum Verschenken und Entnehmen alter Bücher, und hier schließt auch die Mutter aller Begegnungszonen an, die Mariahilfer Straße. Vieles, was anderswo noch als Prognose urbanen Lebens gilt, ist hier die Gegenwart. Die Neubaugasse vereint für mich die Vorteile, die man mit dem Landleben verbindet, mit den Vorteilen, die das Stadtleben bringt." – *Tarek Leitner*

Die **Neubaugasse** im 7. Bezirk ist eine der bekanntesten Einkaufsstraßen Wiens. Sie ist, auch wegen der vergleichsweise engen Platzverhältnisse, keine typische Einkaufsstraße mit großen Geschäften, sondern geprägt von vielen kleinen Läden und Lokalen.

FOTO: MONIKA FELLNER

Martin Leutgeb
Schauspieler

54. Zentralfriedhof

„Bei einem Besuch auf dem Zentralfriedhof komme ich schnell zur Ruhe. Steige ich wieder in die Tram ein, um diesen mystischen Ort zu verlassen, bin ich allerdings doch sehr froh, noch nicht die ewige Ruhe gefunden zu haben." **– Martin Leutgeb**

Der **Zentralfriedhof** im 11. Bezirk wurde 1874 eröffnet und ist mit einer Fläche von rund 2,5 Quadratkilometern und etwa 330.000 Grabstätten mit drei Millionen Verstorbenen der zweitgrößte Friedhof Europas.

Aufgrund seiner vielen Ehrengräber – unzählige prominente Persönlichkeiten wie Franz Schubert, Ludwig van Beethoven, Curd Jürgens, Falco oder Udo Jürgens erhielten ein solches –, der Jugendstil-Bauwerke und des weitläufigen Areals gilt er als besondere Sehenswürdigkeit und beliebtes Naherholungsgebiet.

Unmittelbar vor der Karl-Borromäus-Kirche befindet sich die Präsidentengruft, in der seit 1951 die Bundespräsidenten der Zweiten Republik beigesetzt werden.

Michael Ludwig

Landeshauptmann und Bürgermeister der Stadt Wien

55. Rathaus

„Mein Lieblingsplatz? Das ist natürlich ganz Wien. Und nichts kann unsere Stadt besser symbolisieren als das Rathaus. Ich mag das Gebäude, umgeben von einem einzigartigen Park. Ich liebe den Blick vom Burgtheater auf den immer wachsamen Rathausmann. Ich habe aber auch großen Respekt vor dem Rathaus als Zentrum der Politik und der Verwaltung. Als dem Ort, an dem alle Entscheidungen getroffen werden, die unser Wien zur besten Stadt der Welt machen." **– Michael Ludwig**

Das markante **Rathaus** im 1. Bezirk wurde zwischen 1872 und 1883 nach Plänen des Architekten Friedrich Schmidt erbaut. Für den Bau verarbeitete man über 30 Millionen Ziegel und mehr als 40.000 Kubikmeter Naturstein.

Der Arkadenhof zählt mit einer Fläche von fast 3.000 Quadratmetern zu einem der größten Innenhöfe Europas. Neben den Amtsräumen des Wiener Bürgermeisters sind auch der Gemeinderat, der Landtag, der Stadtsenat sowie zahlreiche Magistratsabteilungen im Gebäude untergebracht.

FOTO: MONIKA FELLNER

Richard Lugner
Unternehmer

56. Dachterrasse im Lugner-City-Büro

„Ich habe glücklicherweise ein Büro mit Dachterrasse, von der ich den 4.000 Quadratmeter großen Urwaldhof überblicken kann. Im Sommer kann ich nicht nur die Sonne, sondern auch die unendlich vielen Kriecherln der Bäume genießen."
– Richard Lugner

Am heutigen Standort im 15. Bezirk befand sich das Gelände der „Roten Fabrik", das von Richard Lugner 1987 erworben wurde. Drei Jahre später eröffnete der Baumeister mit Eröffnungsgast Dagmar Koller die **Lugner City**, das damals siebtgrößte Einkaufszentrum Österreichs.

Seit 1992 begleitet Richard Lugner jährlich ein internationaler Stargast zum Wiener Opernball, der zuvor eine Pressekonferenz mit anschließender Autogrammstunde in der Lugner City absolvieren muss. Zu seinen prominenten Begleiterinnen gehörten unter anderem Sophia Loren, Paris Hilton, Kim Kardashian oder Jane Fonda. Auf dem Dach des Gebäudekomplexes befindet sich das Büro mit der Dachterrasse.

Eva Maria Marold
Kabarettistin

FOTO: MONIKA FELLNER

57. Donauturm

„Wenn man den Überblick behalten will, dann begibt man sich am besten auf den Donauturm. Ein Imbiss im Restaurant, das sich dreht – hui! – und ein Spaziergang auf der Anlage bescheren meinen Söhnen und mir jedesmal unvergessliche Momente." **– Eva Maria Marold**

Der **Donauturm** im 22. Bezirk ist ein prägendes Wahrzeichen und auch ein weithin sichtbarer Werbeträger. Er löste bei seiner Eröffnung im Jahr 1964 mit 252 Metern den Stephansdom als höchstes Gebäude Österreichs ab. Seit 2010 ist er – nach der Demontage des Senders Bisamberg – wieder das höchste Bauwerk des Landes. Neben der touristischen Nutzung dient der Turm auch als Sendeanlage und Messstation für die Wetteraufzeichnung.

Im Turmkopf befinden sich in 160 beziehungsweise 170 Metern Höhe die beiden Drehrestaurants. 2023 wurde in etwa dieser Höhe Europas höchste Rutsche angebaut. In den nächsten drei Jahren hat man die Möglichkeit, sich neben dem Weitblick auch einen Adrenalinkick zu holen, danach wird sie wieder abgebaut.

Larissa Marolt

Schauspielerin und Unternehmerin

58. Hofburg

„Die Hofburg ruft in mir Erinnerungen an die ROMY-Gala 2014 hervor, bei der ich eine der begehrten Trophäen für die aufregendsten Fernsehminuten bekommen habe. Ein unvergesslicher Abend in wahrlich kaiserlichem Ambiente."
– Larissa Marolt

Die **Hofburg** im 1. Bezirk ist ein weitläufiges Areal mit komplex verschachtelten Gebäuden, das sich vom Michaelerplatz zum MuseumsQuartier beziehungsweise vom Ballhausplatz zur Albertina erstreckt. Seit dem 13. Jahrhundert bis zum Jahr 1918 war die Hofburg Wiener Residenz der Habsburger. Seit 1946 ist sie der Amtssitz des Bundespräsidenten. In ihr sind weiters der größte Teil der Österreichischen Nationalbibliothek sowie verschiedene Museen und das Bundesdenkmalamt beheimatet.

Der gewachsene Bereich umfasst heute etwa 24 Hektar und ist damit der größte für nicht-religiöse Zwecke erbaute Gebäudekomplex Europas. Mit der Hofburgkapelle und der Augustinerkirche umfasst er auch zwei Sakralbauten.

FOTO: ANDREAS TISCHLER

Fadi Merza
Unternehmer und sechsfacher Thaibox-Weltmeister

59. Ringstraße

„Meine tägliche Laufroute führt mich von meiner ‚Team Merza Academy' durch den Stadtpark auf die Ringstraße und zurück. Ich liebe die multikulturelle Atmosphäre auf diesem prachtvollen Weg." **– Fadi Merza**

Die **Ringstraße** im 1. Bezirk, die mit dem Franz-Josefs-Kai rund um das historische Zentrum Wiens führt, und ihre zahlreichen Bauwerke des Historismus zählen zu den Hauptattraktionen der Stadt. Die Gesamtlänge des annähernd kreisförmigen Straßenzugs beträgt 5,2 Kilometer, die Ringstraße selbst nimmt etwa drei Viertel davon ein und wird häufig nur „Ring" genannt, obwohl dieser, was die offiziellen Straßennamen betrifft, in neun Abschnitte geteilt ist.

Der Ringstraßenstil als besondere Ausprägung des Historismus war stilbildend für die Architektur der 1860er bis 1890er Jahre.

Dagmar Millesi und Heinz Zednik

Plastische Chirurgin und Opernsänger & fünffacher Grammy-Preisträger

60. Kaiserwasser

„Als Kärntnerin, die immer an Seen gelebt hat, habe ich eine besondere Affinität zu Wasser. Es ist wunderschön, dass man in Wien am Wasser leben kann und doch gleich in der Innenstadt ist. Wir genießen es auch, mit dem Boot zum Abendessen zu fahren." **– Dagmar Millesi**

Das **Kaiserwasser** im 22. Bezirk ist eine naturnahe Parkanlage, die an einem Seitenarm der Alten Donau liegt, und auf einer Fläche von insgesamt 58.000 Quadratmetern viel Platz für den Wassersport und zum Baden bietet. Die alten Baumbestände wurden teilweise zu Naturdenkmälern erklärt.

FOTO: MONIKA FELLNER

Christian W. Mucha
Verleger

61. Restaurant Le Salzgries

„Wie heißt es so schön: Leben wie Gott in Frankreich – und nachdem wir mehrere Monate des Jahres in Nizza verbringen, ist jeder Besuch hier wie ein Mini-Trip an die Côte d'Azur. Feinste französische Lebensart, kombiniert mit ultimativer Gaumenfreude – und das Beste: Alles ist frisch."
– Christian W. Mucha

Im Restaurant **Le Salzgries** im 1. Bezirk pulsiert die viel zitierte französische Lebensart. Patron Denis König setzt auf die großen Klassiker der französischen Küche, die er kreativ interpretiert. Der Haubenkoch versteht es, auf die kulinarischen Wünsche seiner Gäste mit Savoire-Vivre einzugehen, und bietet neben frischem Fisch und Meeresfrüchten auch köstlich mundende Fleischkreationen an. Hier schwelgen Kenner der französischen Küche im siebten Gourmethimmel.

Max Müller
Schauspieler

FOTO: MONIKA FELLNER

62. Bellevuewiese

„Das Hotel ist zwar weg, der schöne Blick ist allerdings geblieben – für mich überhaupt der schönste auf Wien. Ideal zum Picknicken, Flirten oder Textlernen. Wie schön, dass auch mein ‚Traumdenkmal' ausgerechnet in der ‚Stadt meiner Träume' steht." **– Max Müller**

Baron Sothen erbaute im 19. Jahrhundert auf der heutigen **Bellevuewiese** an der Himmelstraße das Schloss Belle Vue, das später u. a. als Erholungs- und Pflegeheim für Lungenkranke diente. Das Schloss verfiel und wurde in den 1960er Jahren abgetragen.

Heute erinnert ein 1977 errichteter Gedenkstein auf der Bellevuewiese an einen prominenten Besucher: Sigmund Freud verbrachte hier 1895 seine Sommerfrische. Damals war das Schloss Belle Vue eine Kuranstalt für Wohlhabende und ein Hotel, das Wiener Intellektuelle und Künstler anzog. Freud soll sich hier – aufgrund eines eigenen Traumes – die Bedeutung der Träume offenbart haben.

Auf dem Gedenkstein steht zu lesen (zitiert aus einem Brief an einen Freund): „Glaubst Du eigentlich, dass dereinst an dem Hause auf einer Marmortafel zu lesen sein wird: ‚Hier enthüllte sich am 24. Juli 1895 dem Dr. Sigm. Freud das Geheimnis des Traumes'? Die Aussichten sind bis jetzt hierfür gering."

Angelika Niedetzky
Schauspielerin und Kabarettistin

63. Friedhof der Namenlosen

„Den Friedhof der Namenlosen mag ich besonders gerne, weil er so vieles offen lässt und deshalb der Fantasie keine Grenzen gesetzt sind. Ein Ort der Inspiration und Ruhe."
– Angelika Niedetzky

Der etwas versteckte **Friedhof der Namenlosen** befindet sich mitten im Alberner Hafen im 11. Bezirk. Weltweit ist er die einzige Begräbnisstätte, die ausschließlich den Opfern eines Flusses vorbehalten ist. Bis zur letzten Beerdigung 1940 fanden Ermordete, Unfallopfer und Opfer ungeklärter Kriminalfälle hier ihre letzte Ruhe. Dabei handelte es sich meistens um unbekannte Tote, die hier angeschwemmt und gleich begraben wurden.

Schlichte Kreuze aus Schmiedeeisen sind oft die einzigen Zeugen, die an die Opfer erinnern. Manchmal findet man noch ein Schild, meistens von Hand beschrieben: „Namenlos", „Unbekannt", „männlich", „weiblich" und vielleicht sogar ein Datum, das verrät, wann die Leiche angeschwemmt wurde.

FOTO: MONIKA FELLNER

Reinhard Nowak
Kabarettist und Schauspieler

64. Karmelitermarkt

„Alleine schon deswegen, weil ich fast jeden Samstag hier mit meiner Frau einkaufen bin, kann das nur mein Lieblingsort sein. Wir kaufen frischen Fisch oder knackiges Obst bei einem der zahlreichen Standln am Bauernmarkt und manchmal gönne ich mir auch ein Pferdeleberkäse-Semmerl." **– Reinhard Nowak**

Der **Karmelitermarkt** im 2. Bezirk ist einer der ältesten noch bestehenden Märkte Wiens und umfasst zirka 80 Marktstände. Neben internationalen Käsespezialitäten und Pferdefleisch kann man hier frisches Obst, saisonales Gemüse und Milchprodukte erwerben. Der Wochenmarkt erfreut sich jeden Freitag und Samstag großer Beliebtheit. Rund um den Markt hat sich eine aufregende Szene mit koscheren Geschäften, Restaurants, Bäckereien, Fleischhauereien sowie Schulen und religiösen Einrichtungen entwickelt.

Der Markt ist das Herzstück des Karmelierviertels, eines Grätzels, dessen jüdische Geschichte noch heute zu spüren ist.

Cornelius Obonya

Schauspieler

65. Westernspielplatz

„Als ich hier aufgewachsen bin, war das alles einfach eine Wiese. Zur Zeit der Geburt meines Sohnes wurde dieser Spielplatz gebaut, jahrelang habe ich hier mit ihm gespielt. Ich mag den Ausblick in den Himmel und den Wald, ja, das ist mein Wäldchen." – **Cornelius Obonya**

2010 wurde am Küniglberg im 13. Bezirk dieser 1.400 Quadratmeter große **Westernspielplatz** mit Wasser- und Sandspielmöglichkeit, Schaukeln, Wippen, Kletter-Elementen, Rutschen und Hängematten eröffnet. Die Spielgeräte und der Wasserlauf erinnern an eine Stadt im Wilden Westen. Besonderes Highlight ist der riesige Turm mit der Tunnelrutsche.

Ein absoluter Insidertipp!

FOTO: MONIKA FELLNER

Rainer Pariasek
ORF-Sportmoderator

66. Kirche am Steinhof

„Vor rund 30 Jahren schlenderte ich mit meiner Oma durch diese herrliche Parkanlage. Obwohl die Kirche damals ein wenig heruntergekommen war, faszinierte mich die Schönheit dieses Jugendstil-Juwels. Prädikat: sehenswert!"
– Rainer Pariasek

Die **Kirche am Steinhof** wurde von 1904 bis 1907 erbaut und gilt als eines der bedeutendsten Bauwerke des Wiener Jugendstils. Das römisch-katholische Kirchengebäude befindet sich auf dem Gelände der Klinik Penzing im 14. Bezirk.

Der beauftragte Architekt Otto Wagner musste beim Planen berücksichtigen, dass es sich um eine Anstaltskirche für psychisch kranke Patienten handelt. Dafür wurden ein Arztzimmer, Toiletten und Notausgänge eingeplant und die Kirchenstühle durften keine scharfen Ecken haben.

Eines der markantesten Merkmale der Kirche ist die auf einem byzantinischen Motiv basierende goldene Kuppel.

Chiara Pisati

Werbetestimonial und Schauspielerin

67. Volksgarten

„Ich bewundere hier die prachtvollen Blumen, besonders meine absolute Lieblingsblume, die Pfingstrose. Außerdem war die Diskothek Volksgarten sozusagen mein zweites Wohnzimmer (natürlich neben dem in der XXXLutz-Filiale), in dem ich viele unvergessliche Nächte erlebt habe." **– Chiara Pisati**

Der **Volksgarten** im 1. Bezirk ist eine fünf Hektar große Parkanlage an der Ringstraße, die 1823 als erster öffentlicher Park der Stadt eröffnet wurde. Ursprünglich als Privatgarten für die Erzherzöge geplant, entschied sich Kaiser Franz I., den Park für alle zugänglich zu machen. Er ist auf der Seite der Hofburg in Form eines englischen Parks mit lockerem Baumbestand in Alleesetzung angelegt, an der Ringstraße befindet sich dagegen ein französisch-barocker, architektonisch strenger gehaltener Plangarten.

Highlights sind neben dem Rosengarten auch der Theseustempel und die Renaissance-Fontaine. Mit dem Burgtheater verbindet ihn übrigens ein unterirdischer Gang.

FOTO: MONIKA FELLNER

Wolfgang Fifi Pissecker
Schauspieler und Kabarettist

68. Sankt Marxer Friedhof

„Man fühlt sich hier in ein anderes, früheres Wien versetzt. Seit frühester Jugend ist mir dieser Friedhof ans Herz gewachsen, hier kann ich stundenlang meinen Gedanken nachgehen. Ein Platz für alle Sinne, und ein Friedhof als Sinnbild, als Ort des Friedens und der Ruhe. Der Ewigkeit und Endlichkeit. Vor allem erinnert er mich immer wieder an das einzig Wichtige: zu leben!" – **Wolfgang Fifi Pissecker**

Der **Sankt Marxer Friedhof** im 3. Bezirk ist ein ehemaliger Biedermeierfriedhof, der von 1784 bis 1874 als Begräbnisstätte verwendet wurde. Die fast rechteckige Form hat eine Fläche von 60.000 Quadratmetern und steht heute als öffentlich zugängliche Parkanlage unter Denkmalschutz. Ursprünglich gab es hier 8.000 Grabstätten, von denen noch 5.635 erhalten sind. Die bekannteste ist jene von Wolfgang Amadeus Mozart.

Eine Besonderheit des Friedhofs: An keinem anderen Ort in der Stadt gibt es so viel Flieder auf engstem Raum wie hier.

Paul Pizzera

Sänger, Kabarettist und Autor

69. Hotel Grand Ferdinand

"Ich wollte mich nie ganz von der Steiermark trennen, bin beruflich allerdings viel in Wien. Dieses Hotel ist geografisch top gelegen, hat eine tolle Bar mit schöner Aussicht und – wann immer ich in der Stadt bin – ist es seit mittlerweile sieben Jahren mein Zuhause." **– Paul Pizzera**

Das **Hotel Grand Ferdinand** im 1. Bezirk ist das einzige österreichisch geführte Hotel, das sich an der Ringstraße befindet. Im Innenhof wurden, quasi als kleines Pendant zum großen Gewächshaus im nahen Burggarten, Pflanzen aus südlichen Erdteilen zu einer „Oase" arrangiert. Im Außenpool am Dach kann man mit herrlichem Blick über die Stadt entspannen und anschließend in der „Grand Etage" speisen.

Im Erdgeschoß befindet sich mit dem „Meissl & Schadn" ein Restaurant, in dem Fans des Wiener Schnitzels voll und ganz auf ihre Kosten kommen.

FOTO: LEON COLERUS

Karl Ploberger
Biogärtner und Autor

70. Palmenhaus Schönbrunn

„Für mich war diese Location ein Sehnsuchtsort, als ich vor mehr als 40 Jahren als Student nach Wien kam und die damals noch sehr kalten Winter statt in meiner unterkühlten Ein-Zimmer-Wohnung lieber hier verbrachte." – **Karl Ploberger**

Das **Palmenhaus Schönbrunn** im 13. Bezirk wurde 1882 von Kaiser Franz Joseph in Auftrag gegeben und ist heute mit einer Länge von 111 Metern, 2.500 Quadratmetern Grund- und 4.900 Quadratmetern Glasfläche das größte Palmenhaus auf dem europäischen Kontinent.

Das Palmenhaus ist in drei Pavillons beziehungsweise Klimazonen unterteilt, die durch tunnelartige Gänge miteinander verbunden sind. Der höchste Raum zeigt Pflanzen des Mittelmeergebietes, der nördliche beheimatet Pflanzen aus China, Japan und Neuseeland und im dritten Bereich wachsen tropische und subtropische Pflanzen. Die Mindesttemperaturen betragen, je nach Pavillon, 6 bis 18 Grad.

Toni Polster
Ehemaliger Fußballspieler

71. Gasthaus Lindwurm

„Jedes Mal, wenn ich hierherkomme, fallen alle vermeintlichen Probleme von mir ab. Außerdem isst man hier super, blickt ins Grüne und kann den Alltagsstress hinter sich lassen. Hier bin ich einfach glücklich." **– Toni Polster**

In einem idyllischen Ambiente, mitten im Grünen der Stadt und von Wald und Wiese umgeben, wird man beim **Gasthaus Lindwurm** im 13. Bezirk mit hausgemachter, traditioneller Hausmannskost verwöhnt.

FOTO: MONIKA FELLNER

Eva Pölzl

ORF-Moderatorin („Guten Morgen Österreich")

FOTO: MONIKA FELLNER

72. Spittelberg

„Der Spittelberg ist mein Zuhause in Wien geworden. Ich finde es toll, dass er seinen dörflichen Charakter beibehalten hat. Im Sommer liebe ich das Gemurmel aus den Gastgärten und im Winter das Gewusel am Weihnachtsmarkt." **– Eva Pölzl**

Der Spittelberg im 7. Bezirk, oft auch als „Dorf in der Stadt" bezeichnet, ist ein liebevoll revitalisiertes Biedermeierareal mit der zweitgrößten Fußgängerzone der Stadt, historischer Bausubstanz und idyllischen Plätzchen. Er liegt äußerst zentral, nur wenige Gehminuten vom Stadtzentrum entfernt und gilt als eines der schönsten Viertel Wiens.

In den kleinen, romantischen Gässchen findet man urige Beisln, trendige Cafés, aber auch hippe Restaurants und Studentenlokale. Im Sommer sitzt man hier oft im Freien und genießt das Vibrieren der Stadt, während im Winter der berühmte Weihnachtsmarkt für Adventstimmung sorgt.

Uschi Pöttler-Fellner

Verlegerin („*look!*")

73. Sisi-Kapelle

„*Mitten im Wienerwald, ohne genaue Adresse – dort ist dieser Ort, an dem ich mich finde, wenn ich nicht gefunden werden möchte. Sie ist mein Zufluchtsort, meine friedliche Insel in bewegten Zeiten und mein liebster Platz, um mich selbst zu treffen.*" **– Uschi Pöttler-Fellner**

Die neugotische **Sisi-Kapelle** im 19. Bezirk wurde 1854 zu Ehren der Vermählung des Kaiserpaares Elisabeth und Franz Joseph errichtet. Neben dem Gedächtnis an das historische Ereignis sollte die Kapelle auch als zukünftige Grabstelle dienen. Nach der Fertigstellung wurde sie 1856 den Namenspatronen des Kaiserpaares, der heiligen Elisabeth sowie dem heiligen Franz von Assisi und heiligen Josef, geweiht.

Im Zweiten Weltkrieg wurde die Kapelle stark beschädigt und danach dem Verfall preisgegeben. Von 2002 bis 2005 wurde sie für über eine Million Euro umfassend saniert und erstrahlt seither in neuem Glanz.

FOTO: ISABELLE OUVRARD

Lydia Prenner-Kasper
Kabarettistin

FOTO: MONIKA FELLNER

74. Bankerl am Bisamberg

„Von diesem Bankerl aus am Bisamberg bietet sich ein wunderschöner Blick auf Wien und das ‚Floridsdorfer Panorama'. Ich komme meistens rund um meinen Hochzeitstag hierher, etwa, um nach einer Radtour zu rasten, ein Picknick zu genießen oder beim Sonnenuntergang Händchen zu halten." **– Lydia Prenner-Kasper**

Der **Bisamberg** im 21. Bezirk ist ein Erholungsgebiet im Norden der Stadt und mit 358 Metern die höchste Erhebung nördlich der Donau. Das Gebiet geht über die Stadtgrenze hinaus, sodass auch die niederösterreichischen Gemeinden Bisamberg, Hagenbrunn und Langenzersdorf involviert sind. Wer die Elisabethhöhe erreicht, hat einen traumhaften Blick auf die Donau und ihren Verlauf.

Aus faunistischer Sicht gilt er als einzigartig: 731 Schmetterlingsarten, 393 Bienenarten und 347 Wanzenarten wurden hier erfasst und sind somit Zeugen der hohen Diversität.

Hannes Reichelt

Ehemaliger Skirennläufer und Weltmeister

75. Haus des Meeres

„Das Leben unter Wasser fasziniert mich seit jeher, und dieses Aquarium, das fantastisch in den alten Schützenturm integriert worden ist, versprüht einen außergewöhnlichen Charme. Man fühlt sich wie in eine andere Welt gezaubert."
– *Hannes Reichelt*

Das **Haus des Meeres** im 6. Bezirk zeigt auf über 5.000 Quadratmetern mehr als 10.000 Tiere. Der Schwerpunkt des Zoos liegt bei der Aquarienhaltung von Tieren aus dem Mittelmeer sowie Süß- und Seewasserhabitaten, etwa für Piranhas, Meeresschildkröten und Korallen.

Ergänzt wird das Angebot durch eine Terrarienabteilung, ein Tropenhaus mit Vögeln und Affen, die nicht durch Gitter oder Glasscheiben von den Besuchern getrennt sind, und einen Krokodilpark.

Christine Reiler

ORF-Moderatorin („Bewusst gesund") und Ärztin

76. Schloss Liesing

„Direkt an der Straße befindet sich dieses kleine Juwel, mitten in einem schönen Park. Einer Sage nach blieb nach der Türkenbelagerung nur der riesige Haselnussbaum verschont, es trifft sich also gut, dass dieser auch mein Lebensbaum ist."
– Christine Reiler

Das **Schloss Liesing** im 23. Bezirk wurde bereits 1387 erstmals als Gutshof, der den Namen „Hausgraben" oder „Auhof" trug, urkundlich erwähnt. Durch die beiden Türkenbelagerungen 1529 und 1683 erlitt das Gut schwere Schäden, während der zweiten wurde es dann fast gänzlich zerstört. Zu Beginn des 18. Jahrhunderts folgte schließlich der Ausbau zum Schloss, in dem vermutlich auch Kaiser Karl VI. abstieg.

Im Flügel aus dem Frühbarock ist heute eine Musikschule der Stadt Wien untergebracht, in den Trakten aus dem Spätbarock befinden sich Wohnungen.

FOTO: MONIKA FELLNER

Elke Rock
Moderatorin bei Hitradio Ö3

77. Spanische Hofreitschule

"Ich finde es faszinierend, dass es mitten in einer Großstadt Pferde gibt, die hier in Boxen wohnen. Die Reithalle, das historische Ambiente und die Tradition in Verbindung mit modernen Aspekten berühren mich." – **Elke Rock**

Die **Spanische Hofreitschule** im 1. Bezirk ist die älteste Reitschule der Welt und die einzige Institution, an der die klassische Reitkunst in der Renaissancetradition der „Hohen Schule" seit mehr als 450 Jahren fortlebt.

Der Name geht auf Ferdinand I. zurück, der in Spanien aufwuchs und die prachtvollen Pferde nach Wien mitbrachte. Die weißen Lipizzanerhengste, die heute mit ihren Vorführungen Pferdefreunde aus aller Welt begeistern, sind die Nachkommen dieser Pferde. Die 1565 erbaute, zum Ensemble gehörende Stallburg ist Wiens ältestes und bedeutendstes Renaissancegebäude.

Gerda Rogers

Astrologin und Moderatorin bei Hitradio Ö3 („Treffpunkt Sternstunden")

78. Stock-im-Eisen

„Als ich im Alter von zehn Jahren zum ersten Mal mit meinem Vater in seine Heimatstadt Wien reiste, zeigte er mir anfangs neben dem Stephansdom auch den Stock-im-Eisen. Jedes Mal, wenn ich daran vorbeigehe, und das ist sehr oft, fühle ich mich zurückversetzt in die wunderschöne Kindheit mit meinen beiden Schwestern und dem Vater." **– Gerda Rogers**

Der **Stock-im-Eisen** im 1. Bezirk ist der Stamm einer Fichte aus dem Mittelalter, der mit Nägeln beschlagen wurde. Das erstmals 1533 urkundlich erwähnte Wahrzeichen der Stadt ist der älteste noch erhaltene Nagelbaum. Das Original steht heute an der Ecke zwischen Graben und Kärntner Straße.

Die Benagelung begann vor 1440, als der Baum noch lebte. Ab 1715 fand eine Benagelung durch Wandergesellen statt. Der Hintergrund dieser Gepflogenheit vor dem 18. Jahrhundert ist nicht bekannt. Die wahrscheinlichste Theorie ist der alte Brauch, Nägel zum Schutz vor Pest & Co oder zum Dank für die Heilung von Krankheiten in Bäume zu schlagen.

FOTO: MONIKA FELLNER

Angelika und Wolfgang Rosam

Verlegerpaar („Falstaff" und „Falstaff LIVING")

79. Restaurant Fabios

„Als Mitbegründer dieses Lokals sind wir ihm mit einer besonderen Emotionalität verbunden. Es ist bis heute ein perfekter Ort, um sehr gut zu essen und spannende Leute zu treffen. Seit dem Umbau ist das Fabios im Blickwinkel des Designs noch interessanter geworden, auch der Barbereich könnte in New York sein."
– Angelika und Wolfgang Rosam

Gegenüber des Goldenen Quartiers im 1. Bezirk befindet sich seit mehr als 20 Jahren das **Restaurant Fabios**. Das italienisch-mediterrane Lokal bietet sich zu jeder Tageszeit an, egal ob für einen schnellen Espresso oder mittags für einen Teller Pasta.

Abends wird es ein Hotspot für Liebhaber gehobener internationaler Gastronomie. Auch bei Nachtschwärmern ist die Bar mit Cocktails und renommierten DJs beliebt.

Hier treffen sich nicht nur Persönlichkeiten aus Politik und Wirtschaft, sondern auch internationale Stars und Sternchen.

Rudi Roubinek
Schauspieler und Autor

80. Kahlenberg

„Den Kahlenberg sah ich – obwohl in Döbling aufgewachsen – als junger Mann eher selten. Den Weg dorthin aber oft: die Parkplätze entlang der Höhenstraße – nachts zu zweit im ersten Auto –, das nahe gelegene Krapfenwaldlbad oder auch den Heurigen auf der Eisernen Hand. Heute betrachte ich Wien aus der Ferne – am liebsten vom Kahlenberg aus." **– Rudi Roubinek**

Der **Kahlenberg** im 19. Bezirk ist ein 484 Meter hoher Berg an der Grenze zu Klosterneuburg und sowohl der beliebteste als auch der bekannteste Aussichtspunkt auf die Stadt. Von der Stefaniewarte, die sich auf dem höchsten Punkt des Berges befindet, kann man auch auf Teile Niederösterreichs sehen.

Der 1974 errichtete Sendemast prägt seit jeher das Erscheinungsbild des Kahlenbergs. Auf dem Bergplateau, knapp unterhalb des Gipfels steht die Kirche St. Josef, vor der sich ein großer Parkplatz sowie Busstationen befinden.

FOTO: MONIKA FELLNER

Vera Russwurm
Fernsehmoderatorin

81. Gastgarten im Metropol

„Eine ganz besondere Atmosphäre liegt über diesem Garten mit seinen großen, alten Kastanienbäumen, den bunten Lichtern und der ältesten Freiluftbühne Wiens! Ich bin nicht nur abends, sondern immer wieder auch untertags hier, wenn ich meinen Mann besuche, dem das Theater gehört – und wir uns eine kleine, romantische Auszeit im Garten nehmen." – **Vera Russwurm**

Den **Gastgarten** des Veranstaltungszentrum **Metropol** im 17. Bezirk gibt es seit 1866, als das lauschige Plätzchen noch den Gästen eines Heurigen vorbehalten war. Heute genießen die abendlichen Theaterbesucher die kulinarischen Köstlichkeiten, die das Metropol seinen Gästen bietet.

Zu Beginn des 19. Jahrhunderts stand an diesem Ort eine Bäckerei mit Presshaus und Weingärten. Die angeschlossenen Stallungen wurden später in einen Saal umgewandelt und 1872 durch einen Gartensalon, das heutige Metropoldi, erweitert. Seit den 1980er Jahren wird der Gesamtkomplex als Metropol geführt.

Cesár Sampson

Sänger und Teilnehmer am Eurovision Song Contest

82. Palais Ferstel

„Im Großstadtdschungel ist Atmosphäre alles und die genieße ich am liebsten in diesem architektonisch einzigartigen Palais unter dem schönsten Gewölbe der Stadt. Gerne auch bei einem Kaffee und himmlischem Eclair." **– Cesár Sampson**

Das **Palais Ferstel** im 1. Bezirk wurde 1860 ursprünglich als Räumlichkeit für die Nationalbank und als Börsegebäude errichtet. Architekt Heinrich von Ferstel entwarf das Palais im romantischen Historismus und verschönerte es mit ornamentaler Bemalung.

Im Laufe der Jahrzehnte wechselte das Bauwerk oft den Besitzer, die Bedeutung des Hauses blieb allerdings erhalten. Heute ist es ein beliebter Veranstaltungsort im Herzen der Stadt.

Seit 1876 ist auch das traditionsreiche Café Central hier beheimatet. In der prachtvollen Ferstelpassage findet man neben kleinen Restaurants auch zahlreiche Geschäfte.

FOTO: MONIKA FELLNER

Thomas Schäfer-Elmayer
Tanzschulbesitzer und Benimmpapst

83. Schloss Belvedere

„Mich beeindruckt der historische Hintergrund dieses Ortes, Prinz Eugen hat hier ja mitten ins Grüne ein Schloss mit herrlicher Parkanlage gebaut. Da ich ganz in der Nähe wohne, genieße ich häufig einen Spaziergang inklusive tollem Ausblick auf Wien."
– Thomas Schäfer-Elmayer

Das **Schloss Belvedere** im 3. Bezirk ist eine zwischen 1714 und 1723 für Prinz Eugen von Savoyen erbaute Schlossanlage. Das Obere Belvedere und das Untere Belvedere bilden mit der verbindenden Gartenanlage ein grandioses barockes Ensemble.

Der schönen Aussicht auf die Stadt verdankt die Schlossanlage ihren heutigen Namen: Belvedere – italienisch für „schöne Aussicht".

Die besagten beiden Schlossbauten beherbergen heute die Sammlungen des Belvedere (vormals Österreichische Galerie) und Räumlichkeiten für Wechselausstellungen. Im geschichtsträchtigen Marmorsaal des Oberen Belvedere wurde am 15. Mai 1955 der österreichische Staatsvertrag unterzeichnet.

Verena Scheitz

ORF-Moderatorin („Studio 2") und Kabarettistin

84. Baum im Botanischen Garten

„Ich bin in dieser Gegend aufgewachsen und auch mein Arbeitsplatz war lange Zeit nur einen Katzensprung von hier entfernt. Wann immer ich eine freie Minute hatte, habe ich mich unter diesen Baum gesetzt und die Ruhe genossen."
– Verena Scheitz

Der **Botanische Garten** im 13. Bezirk, in dem sich der Baum befindet, war geometrisch angelegt und in drei Teile gegliedert, jeder bestand aus vier Quartieren mit einem Brunnen in der Mitte. Unter Kaiser Joseph II. und Kaiser Franz II./I. wurde der „Holländisch-Botanische Garten" im Schönbrunner Schlosspark durch den Ankauf neuer Grundstücke erweitert. Unter anderem wurde ein sogenanntes „Arboretum", ein zu Studienzwecken angelegter Baumgarten, errichtet.

Ein Verzeichnis des gesamten Pflanzenbestandes aus dem Jahre 1799 umfasste 4.000 Pflanzen. Ab 1828 folgte die Umwandlung des erweiterten Teiles des Holländisch-Botanischen Gartens zu einem Landschaftsgarten.

FOTO: MONIKA FELLNER

Iva Schell
Sängerin

85. Rosarium im Schlosspark Schönbrunn

„Ich bin ein großer Sisi- und Romy-Schneider-Fan und liebe die Kaiserzeit, die man an diesem Ort überall spüren kann. Mit 18 Jahren war ich zum ersten Mal mit großer Begeisterung hier, später habe ich im Schlosstheater gespielt. Und vor allem: Die Rose ist meine absolute Lieblingsblume." **– Iva Schell**

Das **Rosarium im Schlosspark Schönbrunn** im 13. Bezirk ist ein Teil des 1779 der Öffentlichkeit zugänglich gemachten Schönbrunner Schlossparks. Der Laubengang mit seinem rosenumrankten grünen Gerüst begeistert nicht nur Anrainer, er ist auch ein Touristenmagnet. Im Schlosspark Schönbrunn können Patenschaften für die Rosenpflege übernommen werden.

Sehenswert sind überdies der Irrgarten, das Palmenhaus, die Orangerie und der älteste Tiergarten der Welt. Seit 1996 ist der Schlosspark gemeinsam mit dem Schloss Schönbrunn UNESCO-Weltkulturerbe.

Dolores Schmidinger

Schauspielerin und Kabarettistin

86. Yppenplatz

„Dieser Platz ist mittlerweile schon ein echter Hotspot geworden und vor allem wirklich sehr gemütlich. In den 1970er Jahren habe ich gleich um die Ecke gewohnt und dadurch ist mir die Gegend vertraut. Hier gibt es coole Lokale, nette junge Leute und täglich frische Fische." **– Dolores Schmidinger**

Das Viertel rund um den **Yppenplatz** im 16. Bezirk ist eine der buntesten Gegenden Wiens. Seine Lebensader bildet der Brunnenmarkt, der mit über 170 Marktständen der längste Straßenmarkt Wiens ist.

Fast nahtlos schließt der Yppenmarkt an den Brunnenmarkt an, hier besteht der Markt allerdings aus fixen Pavillons und versprüht südländisches Flair. Er entstand 1897 auf dem ehemaligen Exerzierplatz beim Yppenheim und war ursprünglich ein Großhandelsmarkt für Obst und Gemüse.

FOTO: MONIKA FELLNER

Silvia Schneider
ORF-Moderatorin („Silvia kocht")

FOTO: XENIA TRAMPUSCH

87. Hotel Bristol

„Für eine entspannende Stärkung und einen exquisiten Cocktail empfehle ich die Bristol Lounge. Dieses elegante Restaurant bietet eine sensationelle Auswahl an österreichischen und internationalen Gerichten. Wenn man fragt, gibt einem der Concierge oder sogar die Hoteldirektorin persönlich eine Führung durch das geschichtsträchtige Haus. Im Hotel Bristol genießt man zeitlose Eleganz, gepaart mit herzlicher Gastfreundschaft." **– Silvia Schneider**

Das **Hotel Bristol** im 1. Bezirk ist ein 1892 eröffnetes Fünf-Sterne-Grandhotel an der Ringstraße und liegt direkt neben der Staatsoper. Alle öffentlichen Räume des Hotels im Stil des Art déco stehen heute unter Denkmalschutz. Besonders im Februar zum jährlich stattfindenden weltberühmten Opernball logieren hier zahlreiche internationale Prominente.

Michael Schottenberg

Reisebuchautor und Schauspieler

88. Liliputbahn

„Seit ich hier als Erstkommunionist mit einer Portion Zuckerwatte im Waggon saß, bin ich dem putzigen Schmalspurzug in lebenslanger Anhänglichkeit verfallen. Auch heute noch lasse ich mich an all den Eichkatzerln, Rehen und Hasen freudig winkend vorüberfahren." – *Michael Schottenberg*

Die fast vier Kilometer lange Strecke der **Liliputbahn** im 2. Bezirk wurde 1928 eröffnet. Mit vier Stationen und einer Fahrzeit von etwa 20 Minuten führt sie in den Wurstelprater und weiter durch den Auwald zum Ernst-Happel-Stadion.

Während der NS-Zeit waren die sieben Eigentümer der Liliputbahn verdrängt und arisiert worden. Nach Kriegsende war die Liliputbahn zunächst führungslos. Dann bekam der jüdische Textilhändler Jakob Passweg von einem seiner Schuldner als Zahlung dessen Anteil an der Bahn angeboten. 1950 schließlich wurde Passweg Alleinbesitzer und bis heute sind seine Nachkommen die Eigentümer der erfolgreich geführten Schmalspurbahn.

FOTO: MONIKA FELLNER

Werner Schreyer

Ehemaliges Topmodel und Maler

FOTO: MONIKA FELLNER

89. Bristol Bar

„So oft ich in meiner Heimatstadt zu tun habe, verweile ich gerne in dieser Bar. Die zentrale Lage, die Dandy-Atmosphäre, der Stil des Art déco und das exquisite Barsortiment sind einfach toll. Außerdem habe ich hier im Laufe meiner Karriere schon zahlreiche unvergessliche Fotoshootings absolviert." – **Werner Schreyer**

Die Geschichte der heutigen **Bristol Bar** im gleichnamigen Hotel im 1. Bezirk erzählt sich von selbst: Zahllose Photographien von den Großen dieser Welt zieren die Wände. Darunter findet man Richard Strauss, Leonard Bernstein ebenso wie Herbert von Karajan oder Enrico Caruso. Alle genossen hier den Auftakt oder gemütlichen Ausklang eines festlichen Abends. Die wunderschönen Wandvertäfelungen blieben erhalten und die originalen Möbel wurden aufwendig restauriert.

Zu jedem Signature Drink der Bar wird eine Etagere mit salzigen Leckereien gereicht.

Klaus Albrecht Schröder

Museumsdirektor

90. Albertina

„Die Albertina übte immer schon eine besondere Faszination auf mich aus: Sie ist aber vor allem auch deshalb mein Lieblingsort, weil ich bald ein Vierteljahrhundert ihre Geschicke lenken darf und ich mich hier immer sehr wohl gefühlt habe. Ich hoffe, das beruht auf Gegenseitigkeit."
– Klaus Albrecht Schröder

Die **Albertina** im 1. Bezirk, eines der besucherstärksten Museen der Welt, gehört mit ihren insgesamt 1,2 Millionen Kunstwerken international zu den großen Museen für Kunst, wobei ein kunstgeschichtlicher Zeitraum von über sechs Jahrhunderten, vom 15. Jahrhundert bis zur Moderne und Gegenwart, abgedeckt wird. Das Museum verfügt über eine beeindruckende grafische Sammlung von Dürer über Leonardo bis Michelangelo mit einem Umfang von rund 900.000 Zeichnungen, Druckgrafiken und Gemälden. Seit 2020 besteht als zweiter Standort die Albertina Modern im Künstlerhaus.

FOTO: CHRISTOPHER MAVRIC

Gaby Schwarz

Volksanwältin und Generalsekretärin des International Ombudsman Institute

91. Franziskanerplatz

„Ich liebe diesen wunderschönen Platz, weil ich aus meinem Bürofenster in der Volksanwaltschaft einen direkten Blick auf ihn habe und mein jüngstes Patenkind in der Franziskanerkirche getauft wurde." – **Gaby Schwarz**

Der **Franziskanerplatz** im 1. Bezirk liegt in einem der ältesten Stadtteile Wiens, nur wenige Minuten vom Stephansplatz entfernt. Seinen Namen verdankt er der Franziskanerkirche, die dort Anfang des 17. Jahrhunderts im Renaissancestil mit gotischen Elementen erbaut wurde. In der Mitte des Platzes thront der Moses-Brunnen.

Ein Veteran der Lokalszene am Franziskanerplatz ist das legendäre Kleine Café. Das Palais Rottal in der benachbarten Singerstraße ist seit 1977 Sitz der Volksanwaltschaft.

Jakob Seeböck

Schauspieler

92. Café Liebling im Volkstheater

„Mit dem Volkstheater verbindet mich schon seit meiner Kindheit sehr viel. Da meine Eltern über Jahrzehnte hier auf der Bühne standen, wurde ich schon als Baby durch dieses Haus getragen. Während meines eigenen Engagements habe ich meine Frau Michaela kennengelernt. Oft verbringe ich im Café Liebling Zeit mit meinem Liebling." – **Jakob Seeböck**

1889 vom Architektenduo Fellner und Helmer als Deutsches **Volkstheater** im 7. Bezirk erbaut, wurde es als „bürgerliches Gegenstück" zum heutigen Burgtheater eröffnet. Seit seiner Gründung versteht es sich als Bühne für Protagonistinnen und Protagonisten, Geschichten und Ausdrucksformen bürgerlicher Herkunft. Nach Kriegsende wurde das Theater rasch wiederhergestellt, in Volkstheater umbenannt und bereits am 10. Mai 1945 wiedereröffnet.

Heute gilt es mit 830 Sitzplätzen als eines der größten Theaterhäuser im deutschsprachigen Raum und präsentiert sich nach einer umfassenden Generalsanierung seit 2021 in neuem Glanz.

FOTO: MONIKA FELLNER

Mark Seibert
Musicalsänger

FOTO: LEON COLERUS

93. Burggarten

„Diese kleine Oase inmitten der Stadt verbindet geschäftige Ecken wie die Mariahilfer Straße mit der Kärntnerstraße und lädt zum Relaxen ein. Wann immer ich etwas Zeit zum Durchatmen brauche, komme ich hierher." **– Mark Seibert**

Der ehemalige Hof- oder Kaisergarten im 1. Bezirk wurde um 1819 von Hofgärtner Franz Antoine für den botanisch interessierten Kaiser Franz I. als Privatgarten angelegt. Ab 1847 folgte unter Kaiser Ferdinand I. die Vergrößerung und Umgestaltung des Gartens. Gleichzeitig mit der Anlage des **Burggarten**s errichtete man das erste Glashaus, in dem Gewächse aus Asien und Amerika ausgepflanzt waren.

1901 wurde das alte Glashaus abgetragen und stattdessen nach den Plänen Friedrich Ohmanns bis 1903 in einer Glas-Eisen-Konstruktion ein neues – eines der schönsten Jugendstilglashäuser der Welt – errichtet. Seither befindet sich im linken Flügel des Palmenhauses das Schmetterlinghaus mit tropischen Pflanzen und Hunderten frei fliegenden Schmetterlingen.

Inge und Harald Serafin

Geschäftsfrau und Operettensänger & ehemaliger Intendant der Seefestspiele Mörbisch

94. Privatwohnung Serafin

„Vor über 40 Jahren haben wir diese wunderschöne Oase gefunden, nach unseren Vorstellungen umgebaut und sind seither die glücklichsten Menschen. Wir lieben es, auf unserer Terrasse mit einem Kaffee zu sitzen, gemeinsam zu lachen, über alles Mögliche zu plaudern und dabei den wunderschönen Ausblick auf den Stephansdom und Wien zu genießen. Ja, das ist unser absoluter Lieblingsplatz in unserer absoluten Lieblingsstadt." – *Inge und Harald Serafin*

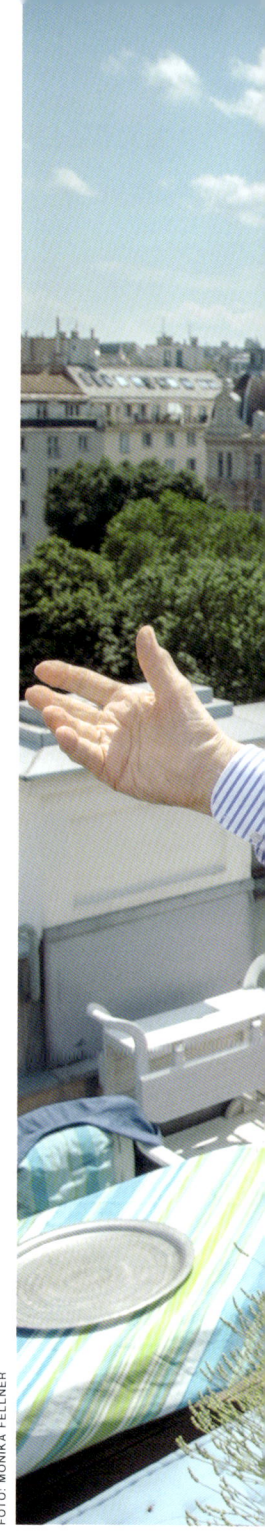

FOTO: MONIKA FELLNER

Max Simonischek
Schauspieler

95. Generali-Arena

„Mit Wien verbinde ich die Austria und eine gute Zeit mit meinen Brüdern, weil wir früher oft gemeinsam hier waren. Der Moment, wenn man in den Innenraum kommt und sich das ganze Stadion vor einem entfaltet, hat jedes Mal etwas Magisches." **– Max Simonischek**

Die **Generali-Arena** ist ein Fußballstadion für 15.000 bis 17.500 Zuseher in Favoriten, dem bevölkerungsreichsten Bezirk der Stadt. Seit 1973 wird es vom Bundesligisten FK Austria Wien als Heimstadion genutzt. Das ursprüngliche Areal mit Sportplatz wurde 1922 vom Verein „České srdce"(„Tschechisches Herz") gegründet und wurde vom damaligen Erstligisten SK Slovan Wien genützt. 1974 wurde das Stadion nach Franz Horr, dem kurz zuvor verstorbenen Präsidenten des Wiener Fußballverbandes, benannt. Seit 2011 trägt es den Namen des Versicherungskonzerns Generali. Von 2016 bis 2018 wurde das Stadion um rund 42 Millionen Euro renoviert und umgebaut.

FOTO: MONIKA FELLNER

Michael Steinocher
Schauspieler

FOTO: MONIKA FELLNER

96. Neue Donau

„Dieser Ort ist eine sehr angenehme Mischung aus Ruhe und Action. Die Wakeboarder*innen auf der einen Seite, die Entspannung auf der anderen. Wenn ich hier Energie getankt habe, kann ich den Alltagswahnsinn wieder perfekt bewältigen."
– Michael Steinocher

Die **Neue Donau** im 21. und 22. Bezirk ist ein nur etwa 200 Meter breiter Seitenarm der Donau, der auf einer Strecke von etwa 21 Kilometern parallel zum Strom verläuft. Sie wurde bei der zweiten Donauregulierung von 1972 bis 1987 als Entlastungsgewässer für den Hochwasserschutz gebaut. Zwischen ihr und dem Hauptstrom liegt die beliebte Donauinsel.

Die Neue Donau bietet zahlreiche Freizeitmöglichkeiten wie eine Regattastrecke, einen Wasserskilift und eine Paddel-Slalomtrainingsstrecke. Der bekannteste Uferabschnitt ist der CopaBeach (seit 2015 der neue Name für die ehemalige nach dem Donaustädter Stadtteil Kagran benannte Copa Cagrana).

Simone Stelzer
Schlagersängerin

97. Lainzer Tiergarten

„Egal ob Spaziergänge, Walking- oder Laufrunden, hier kann ich eine kurze Auszeit von unserer lauten Welt nehmen und Kraft tanken. Außerdem begegne ich öfters meinen Lieblingstieren, den Wildschweinen." **– Simone Stelzer**

Der **Lainzer Tiergarten** im 13. Bezirk ist ein 2.450 Hektar großes Naturschutzgebiet. Er ist ein Tiergarten im Sinne eines weitläufigen Waldgebietes mit frei lebendem Wildbestand, jedoch kein Zoo. Nur ein kleines Wildtiergehege in der Nähe des Lainzer Tors beherbergt Damwild, welches sich in seltenen Fällen sogar fotografieren lässt.

In den Jahren 1882 bis 1886 ließ Franz Joseph I. im östlichen Teil des Areals die Hermesvilla als Refugium für Kaiserin Elisabeth errichten. Der Name der Villa verweist auf eine Hermesstatue aus weißem Marmor, die sich im Garten vor der Villa befindet. Heute wird das beeindruckende Gebäude für Ausstellungen genutzt.

FOTO: MONIKA FELLNER

Claudia Stöckl

Moderatorin bei Hitradio Ö3 („Frühstück bei mir")

98. Hotel Motto

„Dieser Ort hat mich besonders eingenommen, weil er mich mit seinem französischen Flair nach Paris zurückführt, wo ich vier Jahre lang gelebt habe. Mich begeistert die geschmackvolle Einrichtung im ganzen Hotel, besonders im Restaurant und in der Bel Étage, wo ich schon einige Feste mit Freunden gefeiert habe."
– Claudia Stöckl

Mitten an der Einkaufsmeile Mariahilfer Straße gelegen, verbindet das **Hotel Motto** im 6. Bezirk den Pariser Flair der 1920er Jahre mit modernem Wiener Lebensgefühl und skandinavischer Gemütlichkeit. Die Möbel sind teils Originale aus dem Pariser Luxushotel Ritz, teils aufwendig produzierte Nachbauten.

Das perfekt abgestimmte Zusammenspiel aus Wohnräumen und Gastronomie mit dem Restaurant Chez Bernard, einer Dachterrasse und einer eigenen Bio-Bäckerei schafft einen vielschichtigen Mikrokosmos.

Katharina Straßer

Schauspielerin und Sängerin

99. Türkenschanzpark

„Dieser wundervolle Park ist mein Kraftort, weil er zwei Dinge kombiniert, die ich liebe: Wald und Wasser. Außerdem kann man sich eine herrliche Auszeit gönnen, spazieren gehen, picknicken oder laufen. Meine Kinder lieben überdies den Spielplatz."
– *Katharina Straßer*

Der **Türkenschanzpark** im 18. Bezirk war bis zum Ersten Weltkrieg der größte Park der Stadt. Er punktet mit vielen Spazierwegen, tollen Teich- und Dachanlagen, Wasserfällen und Springbrunnen, romantischen Waldstücken sowie zahlreichen Liegewiesen. Aufgrund der Nähe zur Universität für Bodenkultur stellt er eine Besonderheit dar, weil Studierende hier für Wien untypische und seltene Pflanzen, wie etwa Zierbäume aus China, Japan oder Nordamerika, angelegt haben.

Direkt im Türkenschanzpark befindet sich zudem die Paulinenwarte, ein Aussichtsturm, der einen traumhaften Blick auf Wien und den Wienerwald bietet.

Außerdem handelt es sich beim Park um jene Fläche, auf der sich die Türken 1683 gegen das heranstürmende Entsatzheer verschanzt hatten. Damit ist auch sein heutiger Name erklärt.

Christian Struppeck

Musical-Intendant der Vereinigten Bühnen Wien

100. Ronacher

„Das Ronacher ist mein Lieblingsplatz, weil es für mich nicht nur eine Stätte der Unterhaltung ist, sondern auch ein fantastischer Ort gemeinsamer, schöner Erlebnisse. Hier wurden und werden eindrucksvolle Erinnerungen geschaffen, die ich ein Leben lang in meinem Herzen tragen werde." **– Christian Struppeck**

Das 1871 und 1872 von Ferdinand Fellner Vater und Sohn erbaute **Ronacher** im 1. Bezirk ist ein Theater, das gemeinsam mit dem Raimund Theater und dem Theater an der Wien die Spielstätten der Vereinigten Bühnen Wien bildet. Es steht im Eigentum der Stadt Wien.

Nach dem Krieg diente die Bühne als Ersatz für das zerstörte Burgtheater und wurde zwischen 1955 und 1960 wieder als Varietétheater genutzt. Nach einigen Jahren als Gastspielhaus für internationale Produktionen und Festveranstaltungen wurde das Ronacher bis 2008 um etwa 47 Millionen Euro zu einer Musicalbühne ausgebaut. Es verfügt heute über rund 1.000 Sitzplätze.

FOTO: MONIKA FELLNER

Kathi, Gabi & Elisabeth Stumpf und Alexander Beza

Unternehmerfamilie

101. Golf Club Wien

„Mitten in Wien liegt dieser wunderschöne Golfplatz, auf dem ich mit meinen Geschwistern schon in der Kindheit schöne Stunden verbracht habe. Golf spielen ist auch heute noch eine große Leidenschaft, die ich nicht nur mit meiner Familie, sondern auch mit meinem Freund Alexander teile. Einfach der perfekte Ort für sportliche Auszeit-Genießer." **– Kathi Stumpf**

Der **Golf Club Wien** im 2. Bezirk ist der älteste und traditionsreichste Golfklub Österreichs. Das elegante und dennoch gemütliche Clubhausambiente versprüht die Atmosphäre eines klassisch englischen Clubs. Die Lage inmitten des Praters mit Spielbahnen, die in eine alte Galopp-Rennbahn eingebettet sind, ist beeindruckend. Empfehlenswert ist es, auf der sonnigen Terrasse zu sitzen, auf das erste Fairway zu blicken, den abschlagenden Golfspieler*innen zuzusehen und sich im Clubrestaurant verwöhnen zu lassen.

Klaudia Tanner

Bundesministerin für Landesverteidigung

102. Rossauer Kaserne

„Hier beginnt mein Tag mit einem guten Espresso und dem aktuellen Pressespiegel. Ich habe meiner Meinung nach das schönste Büro mit wunderbarem Ausblick auf den Donaukanal." **– Klaudia Tanner**

Die **Rossauer Kaserne** im 9. Bezirk, seit Jänner 2020 nach den Widerstandskämpfern Robert Bernardis und Anton Schmid benannt, wurde als Kronprinz-Rudolf-Kaserne von 1865 bis 1869 als Defensivkaserne errichtet. Sie ist heute unter anderem Hauptsitz des österreichischen Bundesministeriums für Landesverteidigung.

Die Architektur der im Stil des romantischen Historismus errichteten Kaserne war auf Verteidigung ausgerichtet. So sollten die zinnengekrönten Ecktürme im Falle eines Angriffs die Verteidiger ebenso schützen wie die Balkone über den Einfahrtstoren, die als Geschützstände gedacht waren.

FOTO: MONIKA FELLNER

Clemens Unterreiner

Opernsänger, Intendant der Opernfestspiele Oper Burg Gars und Präsident der karitativen Organisation „Hilfstöne"

FOTO: MONIKA FELLNER

103. Alpengarten

„Im Alpengarten kann ich entspannt durchatmen und hole mir die Alpen in die Stadt. Sooft ich kann, sammle ich in dieser Oase der alpinen Natur und Stille inmitten der lauten und hektischen Großstadt Kraft, Ruhe und Inspiration für meinen sehr abwechslungsreichen Alltag." **– Clemens Unterreiner**

Der **Alpengarten** im 3. Bezirk blickt auf eine mehr als 150-jährige Geschichte zurück und ist einer der ältesten in Europa.

Auf über 2.500 Quadratmetern Fläche, direkt neben dem Oberen Belvedere gelegen, können hier mehr als 4.000 Pflanzenarten aus Alpingebieten der ganzen Welt besichtigt werden. Die Sammlung geht auf Erzherzog Johann, den Bruder des Kaisers Franz I., zurück. Die Hauptaufgabe des Gartens – er ist Teil des Botanischen Gartens – besteht darin, bedrohte Pflanzenarten des Alpenraums zu erhalten.

Natalia Ushakova

Opernsängerin

104. Wiener Staatsoper

„Als Kind hatte ich einen Traum, in dem ich auf der Bühne der Staatsoper Violetta aus ‚La Traviata' sang. Er wurde wahr und ich fand mich im schönsten Land der Welt wieder und erlebte die glücklichsten Momente auf der heiligen Bühne dieses Hauses." **– Natalia Ushakova**

Die **Wiener Staatsoper** im 1. Bezirk wurde 1863 bis 1869 im Stil der Neorenaissance erbaut und zählt zu den wichtigsten Opernhäusern der Welt. Die Pläne stammten von Eduard van der Nüll und August Sicard von Sicardsburg, die tragischerweise beide die Vollendung des Prachtbaus nicht mehr erlebten. Van der Nüll beging Selbstmord, Sicardsburg erlag einem Herzinfarkt.

Das Gebäude bietet unter anderem den Rahmen für den weltberühmten Opernball, der traditionell am letzten Donnerstag vor dem Aschermittwoch stattfindet. Die Tickets für die insgesamt 5.150 Ballgäste sind binnen kürzester Zeit ausverkauft. Rund 2,5 Millionen Menschen verfolgen die Eröffnung und das Spektakel im Fernsehen.

FOTO: MONIKA FELLNER

Julian Waldner
Schauspieler

FOTO: MONIKA FELLNER

105. Strudlhofstiege

„So alt diese Stiege auch sein mag, ich habe sie, als ich nach Wien gekommen bin, für mich ganz neu entdeckt. Sie ist für mich ein künstlerisch unglaublich inspirierender Ort, an dem ich oft und gerne auch länger verweile." **– Julian Waldner**

Die **Strudlhofstiege** im 9. Bezirk gilt als bedeutendes Bauwerk des Wiener Jugendstils und erhielt ihren Namen vom Maler und Bildhauer Peter von Strudel. Internationale Bekanntheit erlangte die aus Mannersdorfer Kalkstein erbaute Stiegenanlage durch den 1951 erschienenen Roman „Die Strudlhofstiege oder Melzer und die Tiefe der Jahre" von Heimito von Doderer. Mittels dreier Rampen und insgesamt 58 Stufen wird ein Höhenunterschied von etwa elf Metern überwunden. Sie wird von sieben Masten mit Hängeleuchten beleuchtet, die ursprünglich blau gestrichenen Teile sind heute in grüner Farbe gehalten.

Waterloo und Andrea Kreuzmayr

Sänger und Fotografin

106. Schönbrunner Schlossbrücke

„Vor 24 Jahren war an dieser Stelle noch ein Parkplatz, an dem wir uns zum ersten Mal getroffen haben. Andrea kam aus dem Westen, ich aus dem Süden. Hier angekommen, ist mein Hund Axel sofort intuitiv zu ihr gelaufen und es war der Beginn unserer Liebesgeschichte." **– Waterloo**

An der Stelle der heutigen **Schönbrunner Schlossbrücke** im 13. Bezirk, die den Haupteingang des Schlosses Schönbrunn mit dem linken Wienflussufer verbindet, befand sich bereits Anfang des 18. Jahrhunderts eine Brücke. Im Zuge der Regulierung des Wienflusses wurde die alte Brücke abgebrochen und eine repräsentative, 100 Meter breite Gewölbebrücke errichtet.

2005 erfolgte eine komplette Umgestaltung des gesamten Bereichs, wobei als Eckpunkte die von Johann Wilhelm Beyer in den 1770er Jahren geschaffenen zwei steinernen Sphingen und zwei Löwenfiguren verwendet wurden.

FOTO: CLEMENS TRISCHLER

Adi Weiss und Michael Lameraner

Verlegerpaar

FOTO: MONIKA FELLNER

107. DO & CO am Stephansplatz

„Wir lieben wunderschöne Locations, einladendes Ambiente, tolles Service und begeben uns gerne auf eine kulinarische Reise. All das bietet uns dieses Restaurant. Ein Ort, an dem wir uns unglaublich wohl und schon wie zu Hause fühlen."
– *Adi Weiss und Michael Lameraner*

Direkt gegenüber vom Stephansdom im 1. Bezirk befindet sich im modernen Haas-Haus als Teil des gleichnamigen Designhotels das **DO & CO am Stephansplatz**. Von vielen Gästen wird es auch liebevoll Kirchenwirt genannt. Kulinarisch darf man hier eine stimmige Mischung aus klassischer Wiener und asiatischer Küche erwarten. Auch als Hochzeitslocation ist das Lokal wegen seines spektakulären Ausblicks besonders beliebt.

Alexander Wrabetz

Rapid-Präsident und ehemaliger ORF-Generaldirektor

108. Allianz Stadion

„Die Stimmung im Stadion gehört zu den aufregendsten der Welt. Wenn die Mannschaft siegt, kennt der Jubel keine Grenzen. Die Rapid-Viertelstunde ist auch für unsere Gegner ein besonderes Erlebnis, bei dem man die 125-jährige Geschichte des Rekordmeisters spürt." **– Alexander Wrabetz**

Das **Allianz Stadion** im 14. Bezirk ist die Heimat des Fußballvereins SK Rapid. 1977 wurde an der heutigen Stelle das Gerhard-Hanappi-Stadion, damals noch als West-stadion bezeichnet, eröffnet, welches über viele Jahrzehnte als Austragungsort der Heimspiele des Vereins diente. Am selben Platz befindet sich seit 2016 das heutige Stadion, das über eine Kapazität von bis zu 28.600 Besuchern verfügt. Es ist im Vergleich zum alten Hanappi-Stadion um 90 Grad gedreht und nunmehr so, wie ursprünglich von Gerhard Hanappi geplant. Der Neubau wurde außerdem als „einrangiges" Stadion realisiert, was bedeutet, dass die Tribünen von oben bis an den Spielfeldrand reichen.

FOTO: DANIEL WIDNER

Barbara Wussow und Albert Fortell

Schauspielerpaar

FOTO: MONIKA FELLNER

109. Restaurant Salettl

„Da das Salettl für romantische Augenblicke geradezu perfekt ist, war hier auch die ‚Grundsteinlegung' unserer Beziehung. Der beste Platz, den man sich vorstellen kann – und auch ein erfolgsversprechender: Wir sind noch immer verheiratet."
- **Barbara Wussow und Albert Fortell**

Vielleicht ist das **Restaurant Salettl** im 19. Bezirk das romantischste Lokal Wiens. Seit Jahrzehnten ist es ein Klassiker und beliebtes Ausflugsziel. Von außen erinnert es an ein schwedisches Gartenhaus, durch die großen Fenster strahlt das Kerzenlicht. Von den Teppichen bis zu den Lampenschirmen und Tischdecken ist alles in Rot gehalten. Die Gäste sind hingegen bunt gemischt. Jugendliche aus der Nachbarschaft sitzen neben Paaren im Alter ihrer Eltern. Im idyllischen Gastgarten zwischen Bäumen und Lichterketten hat man einen wunderbaren Ausblick in den Hugo-Wolf-Park.

Alina Zellhofer

ORF-Sportmoderatorin

110. Roter Berg

„Der Rote Berg ist ein wunderbares Fleckerl, an dem zwei Welten, nämlich Stadt und Natur, aufeinandertreffen. Er bietet Platz für zahlreiche Freizeitmöglichkeiten und ist mein persönlicher Kraftplatz." **– Alina Zellhofer**

Der **Rote Berg** im 13. Bezirk ist ein 262 Meter hoher Hügel, der mit einer Fläche von 30.000 Quadratmetern deutlich größer als die meisten Parkanlagen der Stadt ist. Große Teile sind Naherholungsgebiete mit Spazierwegen, Wasserspielplatz, Wiesenflächen für Sport und einer Naturrodelbahn. Der Gipfel des Hügels ist bewaldet, sodass sich nur am Nord- und Osthang ein begrenztes Panorama bietet.

Die Grünflächen auf dem Roten Berg sind bis heute mehrheitlich Privateigentum, jedoch größtenteils nicht eingezäunt, ein Teil von ihnen ist zudem eine beliebte Hundeauslaufzone.

FOTO: MONIKA FELLNER

Marie-Claire Zimmermann

ORF-Moderatorin („Zeit im Bild 2")

111. Gloriette

„Ich habe generell gerne Plätze mit einer schönen Aussicht und die hat man hier definitiv. Außerdem ist die Beziehung zu diesem Ort besonders, weil ich ganz in der Nähe gewohnt und auf diesen Wiesen und Wegen meine ersten Schritte gemacht habe."
– *Marie-Claire Zimmermann*

Die **Gloriette** im 13. Bezirk befindet sich im Schlossgarten von Schönbrunn und ist die größte und wohl bekannteste der Welt. Sie wurde 1775 als letzte Baulichkeit des Gartens als „Ruhmestempel" und zugleich Hauptblickfang erbaut. Die Galerie und die Säulen wurden dabei aus weißem Kaiserstein gefertigt.

Später diente sie als Speise- und Festsaal sowie als Frühstückszimmer für Kaiser Franz Joseph I. Der Speisesaal wurde bis zum Ende der Monarchie als solcher genutzt und beherbergt heute ein beliebtes Café.

Impressum

ISBN: 978-3-903989-55-9

© 2023 echomedia buchverlag/
echo medienhaus ges.m.b.h.
A-1060 Wien, Windmühlgasse 26
Alle Rechte vorbehalten

Projektleitung: Silvia Meister, Bakk.
Artdirektion: Mag. Rosi Blecha
Lektorat: Dr. Sabine Kehl-Baierle, Eva Freilinger, BA
Coverfoto: iStock by Getty Images

Druck:
Bauer Medien Produktions- & Handels-GmbH

Herstellungsort:
Wien

www.echomedia-buch.at